Habilidades de comunicación con el cliente para vendedores. COMT052PO

Yolanda López Benítez

ic editorial

Habilidades de comunicación con el cliente para vendedores. COMT052PO
© Yolanda López Benítez

1ª Edición

© IC Editorial, 2025

Editado por: IC Editorial
c/ Cueva de Viera, 2, Local 3
Centro Negocios CADI
29200 Antequera (Málaga)
Teléfono: 952 70 60 04
Fax: 952 84 55 03
Correo electrónico: iceditorial@iceditorial.com
Internet: www.iceditorial.com

ISBN: 978-84-1184-966-1
Depósito Legal: MA 1150-2025

Impresión: PODiPrint
Impreso en Andalucía – España

Nota de la editorial: IC Editorial pertenece a Innovación y Cualificación S. L.

Especialidad formativa

Se entiende por especialidad formativa la agrupación de contenidos, competencias profesionales y especificaciones técnicas que responde a un conjunto de actividades de trabajo enmarcadas en una fase del proceso de producción y con funciones afines.

Las especialidades formativas de Uso General, Formación Complementaria, Formación Modular y las especialidades formativas dirigidas a la obtención de certificados de profesionalidad se incluyen en el Fichero de Especialidades del Servicio Público de Empleo Estatal para su gestión en todo el territorio nacional por cualquier Administración competente.

Las especialidades complementarias, pertenecen todas a la Familia profesional de Formación Complementaria (FCO) y tienen la consideración de formación transversal en áreas que se consideran prioritarias tanto en el marco de la Estrategia Europea para el Empleo y del Sistema Nacional de Empleo como en las directrices establecidas por la Unión Europea. Se consideran áreas prioritarias las relativas a tecnologías de la información y la comunicación, la prevención de riesgos laborales, la sensibilización en medio ambiente, la promoción de la igualdad, la orientación profesional y aquellas otras que se establezcan por la Administración competente.

Las especialidades de Certificado de profesionalidad tienen una duración especificada en su normativa reguladora.

En el resultado de la búsqueda, se muestran las unidades de competencia, todos los módulos formativos con su duración y las unidades formativas del certificado correspondiente, con su duración. Las horas del certificado, exclusivo de las especialidades de certificado de profesionalidad, con alta igual o superior a 2008, son las horas totales más las horas del módulo de Prácticas Profesionales no Laborales.

➲ **Si la especialidad tiene unidades formativas,** las horas totales, presencial, distancia, teleformación serán igual a la suma de esas horas de las unidades formativas de los distintos módulos, sin que se repita ninguna Unidad formativa.

⊃ **Si la especialidad no tiene unidades formativas,** las horas totales, presencial, distancia, teleformación serán igual a las sumas de esas horas de los módulos formativos, eliminando las horas de los módulos repetidos.

https://sede.sepe.gob.es/especialidadesformativas/RXBuscadorEFRED/BusquedaEspecialidades.do

(Fuente: Servicio Público de Empleo Estatal)

Índice

Unidad de aprendizaje 4
Las cualidades del vendedor

Unidad de aprendizaje 5
La comunicación comercial y el proceso de venta

OBJETIVOS GENERALES

Los objetivos generales del **COMT052PO. Habilidades de comunicación con el cliente para vendedores**, son:

- ➲ Dominar las técnicas de comunicación necesarias para mantener una relación eficaz en el proceso de venta, manejando las técnicas comerciales que deben utilizar en el mismo.
- ➲ Identificar las mejores cualidades de un vendedor, así como las necesidades de los clientes.
- ➲ Ensalzar el concepto de venta como elemento clave de la actividad empresarial, que sirve de importante instrumento de comunicación entre empresas, proveedores, clientes y consumidores.
- ➲ Comprender cómo fluye el proceso de toma de decisiones en la compra, a fin de saber ejercer influencias en el comportamiento del consumidor.
- ➲ Descubrir las peculiaridades de los mercados masivos y los productos comercializados en ellos a fin de tener la oportunidad de acceder a los beneficios que ofrece la venta de productos en este tipo de mercado valorando también sus inconvenientes.
- ➲ Entender las competencias personales y profesionales que debe reunir una persona para ser un buen comercial de las ventas, así como su perfeccionamiento.
- ➲ Abordar los entresijos que implica el saber usar con eficacia técnicas de negociación como instrumento del vendedor para alcanzar el éxito en el proceso de la venta.

El concepto de venta y la comunicación empresarial

Contenido

Objetivos

El objetivo general de esta Unidad de Aprendizaje es:

→ Ensalzar el concepto de venta como elemento clave de la actividad empresarial, que sirve de importante instrumento de comunicación entre empresas, proveedores, clientes y consumidores.

Los objetivos específicos de esta Unidad de Aprendizaje son:

→ Analizar el significado del concepto *venta*.

→ Distinguir las diferentes fases del proceso de la venta.

→ Identificar el papel del director de ventas en la estrategia comercial de la empresa.

→ Determinar las claves de la comunicación interpersonal.

1. Introducción

En la presente era digital, donde la tecnología de la información cobra gran protagonismo como recurso empresarial para la mejora de la productividad, las compañías son cada vez más conscientes de la importancia de proveerse de buenos equipos de ventas altamente cualificados, capaces de dar respuesta a todos aquellos desafíos que propone el mercado cambiante en esta época actual.

Ante el gran reto de poder sobrevivir como empresa en el ecosistema globalizado de los mercados, las organizaciones empresariales necesitan más que nunca del talento humano, en cuanto a experiencia, conocimiento y cercanía al cliente.

Las organizaciones actuales tienen el importante objetivo de construir sólidos equipos de ventas; equipos formados por profesionales con alta capacitación, implicación en la visión y en la misión, y valores de la compañía.

Por todo ello, y en esta primera unidad, te adentrarás en el concepto de venta como cultura de servicio al consumidor, un concepto alejado del término de venta tradicional.

Para ello, nos basaremos en el caso de Jorge, un excelente comercial en la venta de seguros y productos de inversión, al que recientemente se le ha propuesto formar su propio equipo de ventas para comercializar los productos y servicios de asesoramiento, desvinculándose así de la oficina central.

2. La venta empresarial como actividad de marketing

☞ HILO CONDUCTOR

Hoy es un gran día para Jorge. Tras algunos años formando parte del equipo comercial en la sede central de la conocida aseguradora LIFE, se le ha propuesto liderar una oficina con estructura independiente. Jorge, amante de esta profesión, siempre soñó con construir su propio equipo de trabajo. Ahora se le presenta una excelente oportunidad para demostrar que sabe gestionar eficazmente a comerciales con ansia de triunfar.

¿Alguna vez trataste de definir el concepto *venta*? Hoy más que nunca, la venta puede definirse como un **proceso de comunicación** donde uno de los dos actores que intervienen en este escenario trata de persuadir al otro con el **gran arte de la influencia.**

Dicho así, se entiende que la acción de vender no debería realizarse por cualquier vendedor que no tenga dotes ni capacitación para ejercer la influencia necesaria en el comportamiento del consumidor.

Presta atención a la descripción que viene a continuación. En ella se muestra el objetivo general del comercial como profesional, expresado en un sencillo esquema:

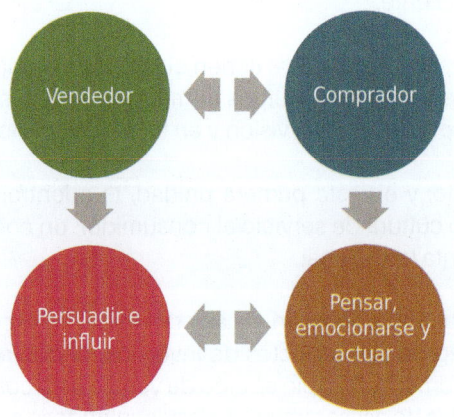

 **DEFINICIÓN**

Influencia
Es el poder o atribución que tiene una persona para alterar o condicionar el comportamiento de otra.

Las empresas son conocedoras de las necesidades constantes y cambiantes que tienen los individuos que conforman una sociedad para la toma de decisiones a favor del bienestar.

Por tanto, la venta empresarial trata de servir de guía para que esas decisiones no solo estén encaminadas hacia un solo objetivo, sino que también sean capaces de generar una tendencia (hacer pensar, hacer que surja la emoción, hacer que se actúe) que haga que fluya el mayor número de decisiones dentro de un ecosistema en el que se desarrolla el contexto del mercadeo.

Por esta razón, se entiende que la **venta comercial** es una **importante actividad de *marketing,*** cuyo propósito es conseguir mediante estrategias que los demás actúen de acuerdo a como se desee.

Sin embargo, en la presente era tecnológica, el mayor reto de las empresas para su **supervivencia** es contar con una **buena y eficiente gestión de equipos de ventas.**

El arte de la venta comercial

En el actual paradigma empresarial, donde prima un mercado acelerado, competitivo y dinámico, motivado por las nuevas tecnologías, es necesario reinventar fórmulas de ventas lideradas por comerciales capaces de adaptarse a las siempre cambiantes demandas de los consumidores. Solo así una empresa podrá seguir siendo competitiva en estos tiempos revulsivos.

 ## ACTIVIDAD COMPLEMENTARIA

1. Se ha comentado que la acción de vender no debería realizarse por cualquier vendedor que no tenga dotes ni capacitación para ejercer la influencia necesaria en el comportamiento del consumidor. Basándote en esta afirmación, reflexiona y responde a la siguiente cuestión:

   El buen vendedor... ¿nace o se hace?

3. La venta como proceso

 **HILO CONDUCTOR**

Pasadas unas semanas, Jorge ya dispone de su propia oficina; ahora tiene la oportunidad de formar a su nuevo equipo comercial. Basándose en la experiencia, y atendiendo al nuevo contexto donde cada vez son mayores las exigencias, los agentes y colaboradores que van de la mano de Jorge van a aprender cómo debe ser el verdadero arte de la venta.

El **buen vender** está considerado uno de los elementos clave para que una empresa se posicione en el nivel más alto de liderazgo. Es evidente que son muchos los negocios que evaden responsabilidades y atribuyen los malos resultados a cuestiones externas como, por ejemplo, una crisis económica.

Aunque son muchas las variables que influyen en los números de una empresa, la respuesta más inteligente ante cifras de venta descendentes es siempre identificar los problemas existentes, que han impedido que la comunicación con el cliente haya sido realmente efectiva.

En primer lugar, y antes de detectar cuáles son los errores más comunes que inciden en las ventas de una empresa, conocerás en qué consiste en sí mismo el **proceso de la venta.**

NOTA

No olvides que **la venta es un arte** o, lo que es lo mismo, **una técnica** que hay que **trabajar y pulir.**

Para comprender mejor esta definición, puedes imaginarte que te dispones a sacar a la pista de baile a una persona que no conoces, pero deberás conseguir que se sienta atraída por ti. Esta persona encontrará en esta experiencia el suficiente bienestar como para rechazar otras propuestas y elegir siempre la tuya.

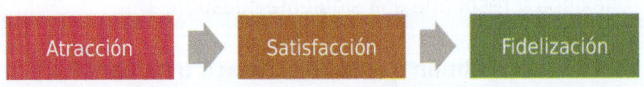

¿Quieres aprender a saber vender? Para eso tendrás que dominar cada una de las fases en las que queda dividido el proceso de la venta:

1. **Prospección:** este primer paso consiste en detectar a los potenciales clientes. La labor consistirá en identificar y después cualificar a aquellos consumidores que pueden formar parte de la cartera de clientes.
2. **Concertación:** una vez identificados los potenciales clientes, el siguiente paso consiste en llevar a cabo la concertación. No es el momento de ofrecer las bondades del producto o servicio comercializado, sino de generar en el interlocutor el interés y la suficiente buena impresión para que nos conceda una entrevista de ventas.
3. **Inicio:** con esta tercera fase se inicia la llamada entrevista de ventas. Durante el encuentro con el cliente se establecerá una comunicación bidireccional que estará dividida en varias etapas (conocimiento, argumentación, objeciones, cierre y fidelización). Es muy importante no quemar ninguna de las fases de la entrevista.
4. **Conocimiento:** en la fase de conocimiento se utilizará un importante recurso de la comunicación: las preguntas. Gracias a ellas, el vendedor conocerá los intereses y las necesidades del cliente a la misma vez que deberá culminar esta fase detectando cuál es el motivo de compra del mismo.
5. **Argumentación:** una vez conocido el patrón de compra del cliente, es el momento en el que el profesional entrará a argumentar en términos de beneficios la solución más óptima para el cliente.
6. **Objeciones:** no existe buena entrevista de ventas si no han aparecido objeciones durante la fase de argumentación por parte del cliente. Sin embargo, rebatir las objeciones deberá dejarse para esta fase. Es en este instante cuando el vendedor tendrá que saber diferenciar entre lo que son objeciones y condiciones.
7. **Cierre:** se trata del momento en el que el cliente contrata el servicio o compra el producto. Si la entrevista de venta ha estado bien encauzada, esta etapa será la más rápida.
8. **Fidelización:** la mejor manera de saber si el cliente ha quedado satisfecho será en este último momento, donde dará señales de su fidelización:

   a. Por medio de la venta cruzada.
   b. Por medio de las referencias dadas.

NOTA

No tengas prisa por practicar esta forma de vender. Aún quedan por aclarar muchas cuestiones que han sido tratadas en este apartado. Retomarás la entrevista de venta eficaz en unidades más avanzadas.

4. El equipo y el director de ventas

 **HILO CONDUCTOR**

Es evidente que saber vender no es nada fácil, pero tener cerca a Jorge es un gran alivio para esos nuevos vendedores. Jorge conoce a la perfección cómo, de un tiempo a esta parte, ha cambiado la manera en la que se comercializan los productos aseguradores: clientes cada vez más exigentes, el aumento del uso de las tecnologías de la información y la competencia cada vez mayor son factores clave del cambio y de esta gran transformación del sector.

En la actualidad, y debido a las presiones ejercidas por las dinámicas de los mercados, la implementación de nuevas tecnologías en las empresas y la gran competitividad existentes entre ellas, se hace necesario un nivel de conciencia mayor en las organizaciones para la **profesionalización de equipos comerciales con grandes e inevitables componentes de cambio.**

A modo de ejemplo de esta necesaria transformación en la profesionalización de los comerciales, aquí tienes una diferenciación entre una **venta tradicional** y el enfoque de la **venta actual:**

- **Tradicional:** el protagonista de la venta tradicional es el producto. La entrevista de venta está enfocada a las ventajas que ofrecen el producto o servicio que se comercializa.
- **Venta actual:** el protagonista de la venta actual es el cliente y su experiencia. La entrevista de venta es más consultiva. Está centrada en conocer al cliente, sus necesidades y prioridades, sus experiencias previas, con idea de buscar una solución personalizada que cubra las expectativas del cliente y zanje todas y cada una de sus posibles objeciones. La entrevista de venta está enfocada a la venta por beneficios.

La siguiente infografía muestra de manera resumida y más visual cuáles son las diferencias entre la venta consultiva y la tradicional.

(© Imagen:Yolanda López Benítez. Smartformacion Autora de contenidos, docente y tutora online - CC BY-ND))

El vendedor de hoy se convierte en un asesor que, como aliado del cliente, es capaz con su sapiencia de aportar las soluciones comerciales más óptimas. Cuenta con la habilidad de saber transformar una ventaja del producto en un poderoso beneficio para el cliente. La sensibilidad de estos profesionales de la venta deberá ser en todo momento trabajada, dirigida, guiada y desarrollada por el **director/a de ventas.**

La formación del gerente de desarrollo de personas en el departamento comercial es clave para que la empresa pueda contar con **equipos estables, eficientes, eficaces** y **cadentes.**

Entre las principales **responsabilidades** del jefe de ventas se encuentran formar en conocimientos y desarrollar habilidades personales y competencias profesionales al personal de la empresa dedicado a la venta. Es decir, trabajar la **aptitud** y la **actitud** de quienes son sus colaboradores y aliados directos.

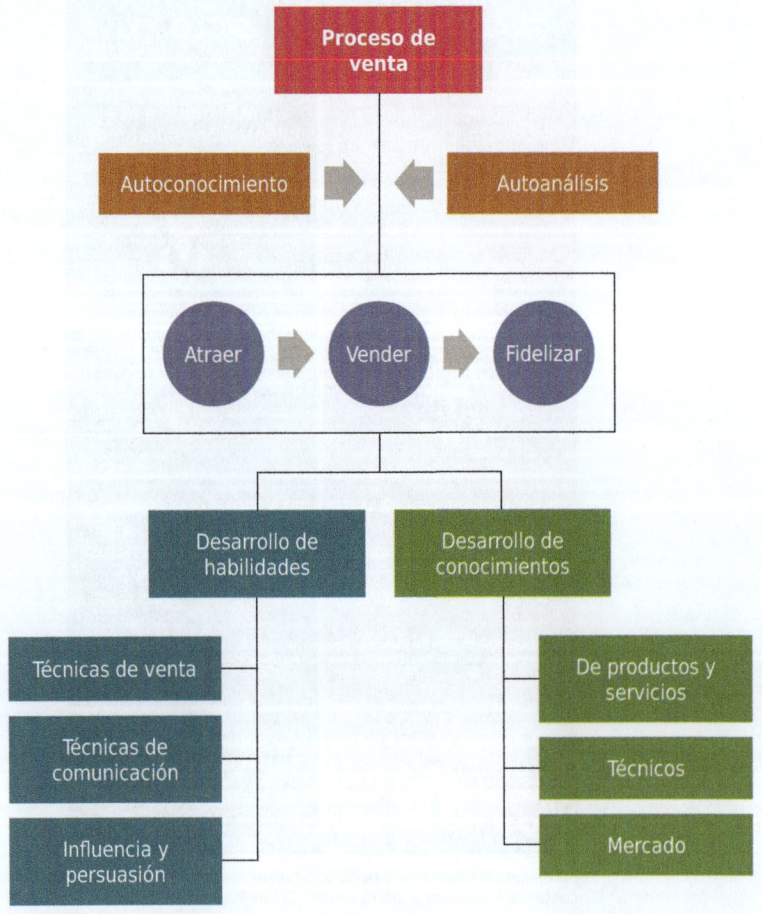

Todo el esfuerzo realizado por el director/a de ventas debe conseguir que la **actitud** de los comerciales **ante la venta sea positiva.** Esto permitirá afrontar el esfuerzo necesario para que el profesional sea capaz de crear un buen **hábito de trabajo diario** para alcanzar el éxito del departamento.

Sin embargo, entre los **retos** más importantes a los que se tendrá que enfrentar el responsable de ventas están, por una parte, aquellos desafíos que están bajo su control, y por otra, esos otros retos que deben ser afrontados pero que no está en sus manos evitarlos:

- **Desafíos bajo control:** corresponden a realidades que el ejecutivo al frente del equipo de ventas puede abordar con estrategias y están bajo su control:

  - Conseguir evitar los prejuicios asociados al concepto de venta entre los miembros del equipo.
  - Evitar la complacencia del equipo y la pereza.
  - Atajar con rotundidad actuaciones negativas por parte de algún integrante que contaminen al resto del equipo.

- **Desafíos fuera de control:** corresponden a realidades que el ejecutivo al frente del equipo de ventas debe abordar pero que no están bajo su control:

  - Acontecimientos normales (imprevistos técnicos, operativos, etc.) que pueden distraer al equipo del foco del objetivo, para lo cual el líder tendrá que tomar decisiones basadas en prioridades.
  - Acontecimientos normales (imprevistos) que merman el recurso de tiempo del que dispone el directivo.
  - Acontecimientos externos que trastocan y afectan a la realidad de la organización en la que se desarrolla la fuerza de ventas.

El **liderazgo del directivo** al cargo del equipo de ventas guiará a los comerciales hacia los mejores resultados. Este diseña **acciones y estrategias** con el objetivo de mejorar las competencias, conocimientos y habilidades de cada uno de sus colaboradores, con el propósito de hacer una gestión integral y lograr un equipo comercial sólido y de éxito.

¿Cómo liderar un equipo de ventas?

Además de conocerte a ti mismo, tendrás que ser consiente de cuáles son tus responsabilidades y los objetivos estratégicos que se te han encomendado a fin de ejercer una **gestión efectiva.** Posteriormente tendrás que trabajar con dos indicadores clave que te ayudarán a aterrizar esas expectativas tuyas y las de tu equipo en la realidad sobre la que trabajarás:

- **Cómo trabajarás:** el indicador que te ayudará a ver la realidad de los resultados cuantitativos de ventas expresados en el documento de actividad construido en despachos individuales con cada agente de venta será el **sistema de trabajo:**

  - Creación de planes de acción para trabajar áreas individuales de mejora (desarrollo).
  - Análisis cuantitativo de la productividad del equipo y su actividad (rentabilidad).
  - Análisis cuantitativo de la actividad para aumentar la red comercial (selección de nuevos integrantes).

- **Qué trabajarás:** el indicador que te ayudará a ver la realidad del equipo de ventas es el **cuadro de mandos.**

Gracias a este instrumento podrás valorar las desviaciones de objetivos, la estructura del equipo y su rotación.

Robin Sharma, autor del libro *El líder que no tenía cargo*, explica que, para ser un buen líder, primero hay que ser **buena persona**. También debe contar con otras habilidades como la de saber percibir las señales del entorno, inspirar, saber nutrir las relaciones y elevar un estilo de vida saludable.

 **DEFINICIÓN**

Gestión efectiva
Resume las expectativas depositadas en el profesional que ejerce el liderazgo, para abordar de manera eficiente la consecución de objetivos con los recursos limitados asignados (humanos, materiales y tiempo).

Sin embargo, existen algunos aspectos que son clave para el **ejercicio del liderazgo** en la **fuerza de ventas** de una empresa. No olvides que los resultados dependerán de la gestión contigo mismo/a, la que hagas del equipo y tu influencia en el entorno:

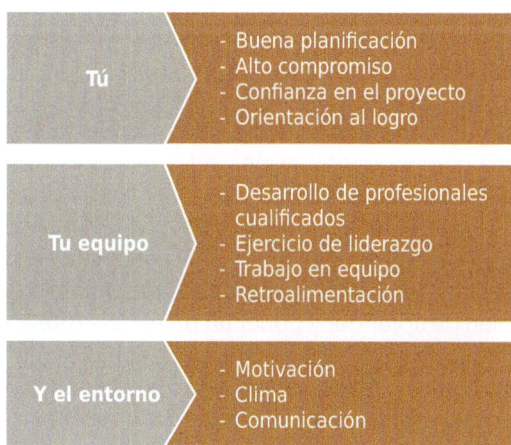

Una vez has comprendido esta relación, tendrás que tener en cuenta aspectos tan importantes como los que vienen enumerados a continuación:

- ⮕ Conocer la función directiva y de mando.
- ⮕ Ganarse la legitimidad del mando.
- ⮕ Trabajar y desarrollar las competencias directivas.
- ⮕ Tener control del conflicto.

- ◕ Dominio de herramientas de autoconocimiento.
- ◕ Control de la planificación.
- ◕ Gestionar el tiempo como recurso.
- ◕ Saber identificar y manejar prioridades.
- ◕ Conducir reuniones eficaces y eficientes.
- ◕ Conocer las diferentes técnicas de motivación.

5. La comunicación interpersonal

 HILO CONDUCTOR

Ahora que ya parece que los miembros del equipo de trabajo están integrados, Jorge pretende guiarlos para que el esfuerzo realizado en cada entrevista de venta tenga un final con recompensa. Para ello, y durante varias jornadas, el equipo al completo asistirá a unos talleres de formación donde se trabajará la comunicación interpersonal como la mejor herramienta para este tipo de profesional.

La venta en sí misma es un bonito diálogo donde se conversa, se escucha y se objeta.

Se trata de una **comunicación abierta** donde existen **preguntas** y **respuestas**, se comparte información relevante por ambas partes y siempre existe una retroalimentación.

Sin embargo, el esfuerzo del profesional por destacar como figura relevante en el sector empresarial debe ir más allá del dominio de estas técnicas. Se trata también de aprender y poner en práctica la **inteligencia emocional.**

Se vislumbra un escenario ya cercano que exige una revolución en la **capacitación del profesional del sector de las ventas.** Esta transformación, se ve fuertemente apoyada por el impulso de las nuevas tecnologías en las empresas, que obliga a transformar la forma en que la empresa se comunica con su clientela.

Desde el punto de vista del vendedor, la comunicación que aplicará se basará en una labor de asesoramiento al cliente, siendo capaz este de transmitir una filosofía de servicio y dedicación al consumidor desde el conocimiento general al más específico, abordando inteligentemente el uso de la información y de las emociones.

Este diálogo abierto se fundamenta en una **comunicación efectiva,** caracterizada por el desbordamiento de una **energía positiva** capaz de **atraer** y **contagiar.**

"La comunicación no es lo que yo digo, es lo que el otro entiende" (Quijano, 2014).

 SABÍAS QUE...

Arturo Gómez Quijano, profesor universitario y buen comunicador, expresó en uno de sus talleres sobre comunicación efectiva que, en la mayoría de las ocasiones, la comunicación falla principalmente porque se tiende a dar más importancia al mensaje en cuanto al dato, mientras que el mensaje debe ser lo que yo hago (comunicación no verbal), por tanto, lo que percibe el público de mis acciones.

Al fin y al cabo, la comunicación es el "otro", es decir, sus percepciones y sus expectativas.

Existen tres aspectos claves que hay que considerar para dominar una comunicación efectiva en el sector de las ventas. Su dominio hará posible que el porcentaje de cierres aumente y, lo que es mejor, la impresión del cliente sea la más óptima posible para que la fidelización y referencia de otros clientes pueda llevarse a cabo:

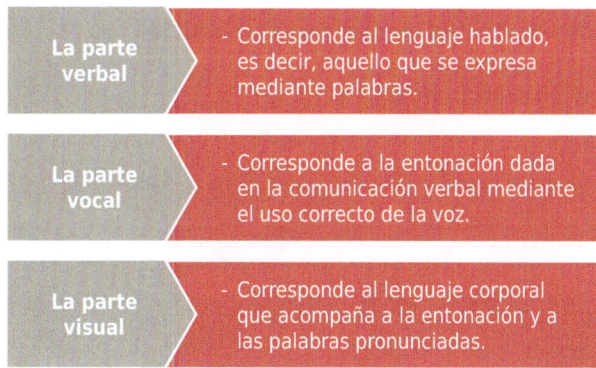

La parte verbal	- Corresponde al lenguaje hablado, es decir, aquello que se expresa mediante palabras.
La parte vocal	- Corresponde a la entonación dada en la comunicación verbal mediante el uso correcto de la voz.
La parte visual	- Corresponde al lenguaje corporal que acompaña a la entonación y a las palabras pronunciadas.

Cada vez que comunicas deberás tener un lenguaje verbal y no verbal lo suficientemente coherente para que el cliente perciba que existe total concordancia entre aquello que dices y lo que transmites (lo que sientes) por medio del lenguaje no verbal.

 **APLICACIÓN PRÁCTICA**

¿Cuáles son las pautas que han de tenerse en cuenta en la comunicación en ventas?

Solución

En la comunicación en las ventas, es fundamental que exista sintonía entre:

- Lo que se comunica.
- El tono en el que se comunica.
- La forma en la que se comunica.

Si no existe sintonía, puede que de manera inconsciente el receptor perciba un mensaje equivocado. La comunicación efectiva es aquella que alinea los factores verbales y no verbales permitiendo generar un ambiente de empatía y de negociación óptimo para alcanzar la venta.

El buen profesional de las ventas cuenta con una capacidad que lo distingue del vendedor común. Se trata de una habilidad clave en el ejercicio de la influencia, que impacta directamente durante el proceso de la venta. **¿Puedes intuir en qué consiste esta habilidad?**

Se trata de la **escucha activa.**

 **DEFINICIÓN**

Escucha activa

Corresponde a un tipo de comunicación que incluye conductas en el emisor capaces de transmitir al receptor que está siendo comprendido, escuchado y aceptado.

El propósito de la escucha activa es transmitir que, con independencia de ideales, ideas o cualquier tipo de sentimiento, se acepta a la otra persona y se comprende cómo ser digno sin necesidad de crear juicios de valor.

IMPORTANTE

La escucha activa es la base de la buena comunicación. Gracias a ella se pone en marcha la mecánica para que la relación sea correcta y enriquecedora por ambas partes.

- -

¿Qué sucede cuando escuchamos activamente?

Gracias a la escucha activa, el profesional de las ventas puede responder a cuestiones tan importantes para la relación comercial como son:

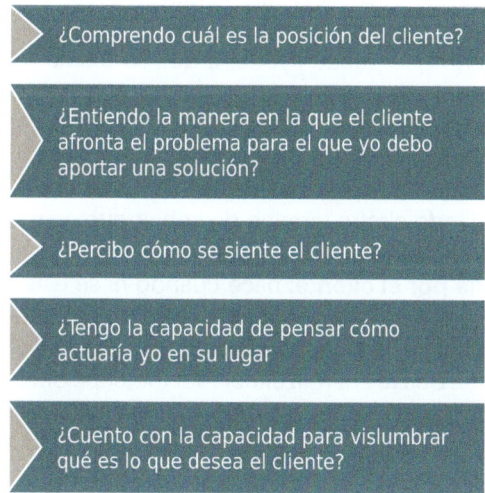

¿Comprendo cuál es la posición del cliente?

¿Entiendo la manera en la que el cliente afronta el problema para el que yo debo aportar una solución?

¿Percibo cómo se siente el cliente?

¿Tengo la capacidad de pensar cómo actuaría yo en su lugar

¿Cuento con la capacidad para vislumbrar qué es lo que desea el cliente?

¿Necesitas acaso tener la misma opinión que el cliente para poder comprenderle y ofrecerle la solución más óptima?

Presta atención al esquema mostrado a continuación. Te proporcionará la pauta para afrontar de una manera eficaz el proceso de la venta en una negociación donde la comunicación con el cliente es primordial. Para ello, tendrás que hacer una reflexión mezclando las siguientes variables:

- **Simpatía por el cliente:** surge cuando existe una forma común de actuar y de pensar. Aunque no es un factor negativo para la comunicación, sí es cierto que puede ayudar a que se pierda cierta objetividad en el momento de negociar.
- **Egopatía por el cliente:** ocurre cuando, aun compartiendo las mismas ideas o pensamientos que el cliente, uno no tiene la capacidad para empatizar con él. Esto es observable cuando se está pensando más en qué decir cuando el otro termine de hablar que en escuchar y comprender al interlocutor.
- **Antipatía por el cliente:** nace cuando ni se está conforme con lo que piensa y dice el cliente ni tampoco se tiene la capacidad para comprender su postura. Este factor genera pésimas condiciones para la comunicación, ya que la energía circulante (percepciones) no es nada positiva.
- **Empatía por el cliente:** la empatía es el factor más favorecedor para generar una comunicación fluida y efectiva. Es el factor que impacta positivamente en cualquier proceso de negociación. Hace posible que se entienda aquello que no se está diciendo en la conversación.

CONSEJO

Para una comunicación efectiva, es necesario llevar a cabo varias acciones:

1. Evitar importunar o interrumpir.
2. Asentir para que el cliente perciba que se le está comprendiendo.
3. Responder con claridad a las cuestiones planteadas (rebatir las objeciones).
4. Mostrar conocimiento del campo del que se es experto/a.
5. Utilizar expresiones propias del cliente.
6. Manejar metáforas y anécdotas para reforzar el mensaje que se quiere transmitir.

 VÍDEO

Para aprender a mejorar tu escucha activa, puedes seguir los consejos del psicólogo Fernando Pena, quien proporciona siete claves para aprender a escuchar y escuchar bien:

https://redirectoronline.com/comt052po0101

6. La comunicación externa empresarial

 HILO CONDUCTOR

Ahora que Jorge está convencido de que todos los miembros de su equipo han aprendido buenas técnicas de comunicación interna, es el momento de sentar buenos cimientos para que cada agente-colaborador sea un buen embajador de la empresa.

Continúa en página siguiente >>

<< *Viene de página anterior*

Jorge está muy orgulloso de la firma que representa, pero pretende mejorar si cabe la percepción del cliente hacia ella. Por su experiencia sabe por dónde flaquea la empresa en cuanto a imagen de marca y reputación. Ahora que tiene cierta libertad profesional, quiere aprovechar de nuevo esta gran oportunidad.

Existe otro tipo de comunicación tan importante como la que mantiene el vendedor con un potencial cliente. Se trata de la **comunicación externa** de la empresa.

¿En qué consiste este tipo de comunicación y para qué sirve?

Lo que debes saber y nunca olvidar es que la comunicación externa tiene como finalidad conectar con la realidad del mercado, en la que se incluye a los proveedores, inversores y los consumidores.

La **comunicación externa empresarial** es la herramienta por la cual las empresas o negocios pueden fortalecer sus relaciones con los diferentes actores económicos, entre ellos los distintos públicos, generando una **marca corporativa** sólida y reconocible.

Gracias a la comunicación externa, una empresa puede anunciar cómo su actividad empresarial ejerce una influencia positiva en la sociedad. De esta manera, la opinión pública es susceptible de ser influenciada porque puede constatar que la visión, misión y valores de la empresa son acordes a sus ideas, dando lugar a una comunicación en dos direcciones:

La empresa aporta beneficios a la sociedad a través de sus soluciones: **productos y servicios.** Reconoce los problemas que preocupan ofreciendo atractivas propuestas.

La sociedad reconoce a la empresa su aportación en la búsqueda de soluciones, haciendo un reconocimiento de su marca.

La autora del libro *Comunicación y organización,* Annie Bartoli, diferencia en tres los tipos de comunicación externa de una empresa:

- **Operativa:** es aquella comunicación que acontece diariamente con el público por la propia actividad del negocio.
- **Estratégica:** es la que se lleva a cabo con el fin de obtener información que permita optimizar la situación de la empresa: cambios normativos, situación del mercado, etc.
- **Reputacional:** busca promocionar las soluciones comerciales desarrolladas por la empresa y ayuda a mejorar la percepción que el público tiene de ella.

Con independencia del tipo de comunicación externa y el canal que quiera utilizarse (canales digitales: web corporativa, blogs, redes sociales, etc., o tradicionales: comunicados, notas de prensa, *call centers,* publicidad, etc.), existen unas reglas que se han de tener en cuenta para mantener el flujo de información con los actores que directa o indirectamente participan en la actividad de la empresa.

A continuación, se describen las pautas que se deben seguir.

Plan de comunicación externa

Es importante que todos los mensajes que se vayan a transmitir sean coherentes. Para ello, deberá generarse un plan de comunicación externa, que rija una forma de comunicar en la que se perciban los valores, la misión y la visión de la empresa.

Misión

La **misión** tiene el papel de determinar la razón por la cual existe la empresa y cuál es el compromiso adquirido para con el mercado.

Visión

La **visión** tiene el fin de describir los motivos que alientan a la empresa a mejorar cada día.

Valores

Con la definición de los **valores** podrán llevarse a término tareas, actividades y acciones por cada individuo que forma parte la organización con un mismo hilo conductor y bajo un mismo código cultural que proyecte el estilo de la empresa.

 **EJEMPLO**

Veamos la **Misión, Visión y Valores** basados en una empresa innovadora como **Tesla**:

- **Misión:** "Acelerar la transición del mundo hacia la energía sostenible". *(Esta misión refleja el propósito central de Tesla: promover tecnologías limpias y reducir la dependencia de combustibles fósiles).*
- **Visión:** "Crear el futuro de la movilidad y la energía sostenible a través de la innovación y la tecnología". *(Esta visión proyecta el objetivo a largo plazo de Tesla, que es liderar el cambio hacia un mundo más sostenible con avances en transporte y energía).*
- **Valores:**

  1. **Innovación:** buscar constantemente nuevas soluciones para mejorar la movilidad y la sostenibilidad.
  2. **Sostenibilidad:** compromiso con el medio ambiente y la reducción de la huella de carbono.
  3. **Excelencia:** mantener altos estándares en diseño, tecnología y rendimiento.
  4. **Impacto global:** generar un cambio positivo en todo el mundo con soluciones energéticas accesibles.
  5. **Velocidad y ejecución:** actuar con rapidez para llevar la innovación al mercado.

Estos principios guían las decisiones de la empresa y garantizan que cada acción esté alineada con su propósito general.

Mensajes personalizados

La comunicación coherente no significa que los mensajes siempre sean los mismos. Y aunque sí han de tener un denominador común (la esencia de la comunicación externa), los mensajes deben ser personalizados y adaptados al canal utilizado y a la audiencia.

 **EJEMPLO**

Estos podrían ser mensajes personalizados en Tesla:

- **Redes sociales:** "El nuevo Model 3 ahora con 600 km de autonomía. ¡Descubre el futuro de la movilidad sostenible!" (Tono cercano y visual).
- **Notas de prensa:** "Tesla mejora la eficiencia de baterías en un 20 %, reduciendo costes y acelerando la transición energética" (Datos clave y enfoque financiero).
- **Eventos técnicos:** "Avances en IA y conducción autónoma redefinen el transporte. Únete a nuestra misión de un futuro sin emisiones" (Lenguaje técnico, dirigido a personas expertas).
- **Atención al cliente:** "Su Model Y necesita una actualización. Puede programarla desde la app Tesla en cualquier momento" (Personalizado según el usuario).

Tesla es capaz de mantener un mensaje central, pero lo adapta al canal y a su audiencia.

Planificación de la comunicación externa

La comunicación externa nunca ha de ser improvisada si se pretende ejercer influencia e impactar en la audiencia. Es importante que la comunicación externa se planifique y utilice los mejores instrumentos y herramientas para lanzar los mensajes a la audiencia para provocar en ella el mayor número de interacciones.

 **EJEMPLO**

Este podría ser un ejemplo de planificación de la comunicación externa en Tesla.

Tesla no deja su comunicación al azar, cada mensaje está **planificado estratégicamente** para maximizar su impacto y alinearse con su misión. A continuación, se muestra un ejemplo de planificación en acción:

- **Lanzamiento del Cybertruck:**

  · **Canales utilizados:** evento en vivo, redes sociales, notas de prensa y pruebas con *influencers.*
  · **Mensajes clave:** durabilidad, diseño futurista y rendimiento superior.
  · **Impacto:** viralidad global, generando millones de interacciones y reservas anticipadas.

- **Tesla AI Day:**

  · **Objetivo:** mostrar avances en inteligencia artificial y atraer talento.
  · **Estrategia:** evento en *streaming,* documentos técnicos y entrevistas con ingenieros.
  · **Resultado:** reafirma su liderazgo en innovación y refuerza su imagen en la industria tecnológica.

Tesla planifica su comunicación para influir, impactar y conectar con su audiencia, logrando que cada mensaje sea efectivo y alineado con su visión.

 TAREA 1

Carlos, aunque es un buen vendedor, es conocedor de sus áreas de mejora en cuanto a la forma de comunicarse con sus potenciales clientes. Quiere aprender a reforzar la manera en la que emite los mensajes con idea de sellar la venta con mayor agilidad. Para ello, no duda en comentarle a su director de ventas que necesita conocer cómo puede mejorar. Juan, que sabe cómo se maneja Carlos en el proceso de la venta, le aconseja que utilice las mismas frases del cliente para poder argumentar.

Juan le propone a Carlos un sencillo ejercicio en el que el supuesto cliente le contesta con la siguiente frase:

Continúa en página siguiente >>

<< Viene de página anterior

Realmente tengo dudas sobre si esta herramienta que me ofreces puede mejorar la logística de mi empresa.

Basándote en este escenario, formula una respuesta al cliente en la que se demuestre que conoces una de las claves de la comunicación interpersonal.

7. Resumen

Las organizaciones actuales tienen el gran reto de construir **equipos de ventas** preparados, que cuenten con las habilidades y destrezas propias **alta capacitación** para el establecimiento de **relaciones sólidas y duraderas con los clientes.**

Esta capacitación debe preparar al profesional de la venta para **ejercer su influencia** en el **comportamiento del consumidor.**

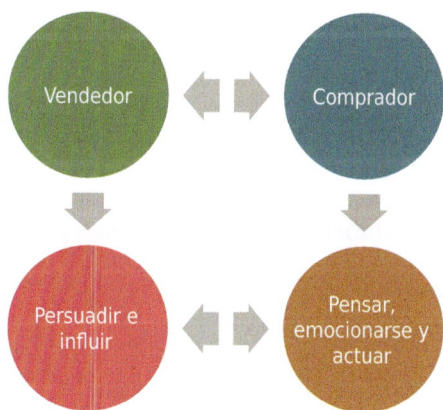

El **buen vender** como arte está considerado uno de los elementos clave para que una empresa se posicione en el nivel más alto de liderazgo, permitiéndole ser competitiva.

El **proceso de la venta** se inicia en la fase de prospección y finaliza con la fidelización del cliente y la obtención de referencias.

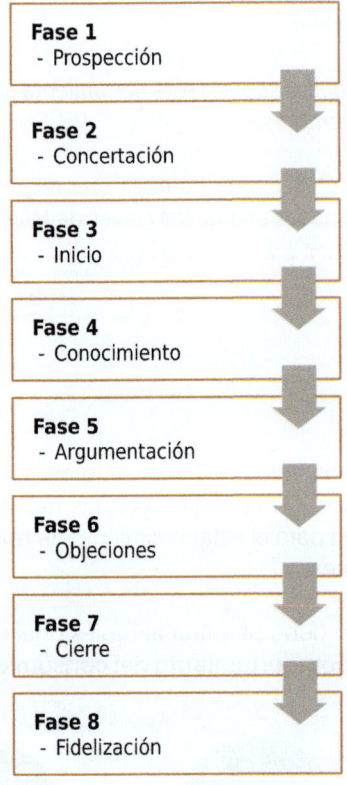

El **director de ventas** (gestor de talentos) juega un papel fundamental en el **éxito del equipo.** Entre sus labores está la de guiar a los profesionales hacia un tipo de venta actual. También tiene como responsabilidad desarrollar equipos **estables, eficientes, eficaces y cadentes,** con baja o **nula rotación.**

➲ Desarrollo de habilidades:

- ◑ Técnicas de venta
- ◑ Técnicas de comunicación
- ◑ Influencia y persuasión

➲ Desarrollo de conocimientos:

- ◑ De productos y servicios
- ◑ Técnicos
- ◑ Mercados

El **liderazgo del directivo** a cargo del equipo de ventas guiará (motivación + comunicación) a los comerciales hacia los mejores resultados. Este desempeño dependerá de la **buena gestión del equipo, la influencia del entorno y el autoconocimiento como gestor.**

El líder al frente de un equipo de ventas diseña acciones y estrategias con el objetivo de mejorar las competencias, conocimientos y habilidades de cada uno de sus colaboradores, con el propósito de hacer una gestión integral y lograr un equipo comercial sólido y de éxito.

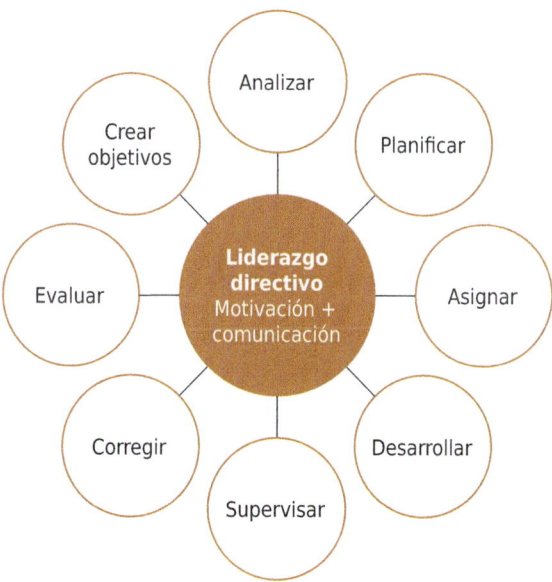

Ejercicios de autoevaluación
Unidad de Aprendizaje 1

1. Indica si las siguientes afirmaciones son verdaderas o falsas.

a. Ante el gran reto de poder sobrevivir como empresa en el ecosistema globalizado de los mercados, las organizaciones empresariales necesitan más que nunca del talento humano, en cuanto a experiencia, conocimiento y cercanía al cliente.

- Verdadero
- Falso

b. Las organizaciones actuales tienen el importante objetivo de construir sólidos equipos de ventas con alto porcentaje de rotación.

- Verdadero
- Falso

c. La venta puede definirse como un proceso de comunicación donde uno de los dos actores que intervienen en este escenario trata de persuadir al otro con el gran arte de la influencia.

- Verdadero
- Falso

2. ¿Qué concepto se define como el poder o atribución que tiene una persona para alterar o condicionar el comportamiento de otra?

a. Inspiración
b. Influencia
c. Seducción
d. Sugestión

3. ¿Qué factor influye en la necesidad de contar con eficientes y eficaces equipos comerciales en este nuevo paradigma empresarial?

    a. Un mercado acelerado y dinámico motivado por las nuevas tecnologías.
    b. El aumento de la competencia.
    c. Una sociedad desinformada.
    d. Todas las opciones son correctas.

4. ¿Qué es la venta?

    a. Un arte.
    b. Un conjunto de técnicas.
    c. Un proceso.
    d. Todas las opciones son correctas.

5. ¿Cuál es el objetivo final del proceso de la venta?

    a. La satisfacción del cliente.
    b. La fidelización del cliente.
    c. La atracción del cliente.
    d. El bienestar del cliente.

6. En el proceso de la venta, ¿qué fase es justo la previa al cierre?

    a. La fase en la que se conoce al cliente.
    b. La fase en la que se rebaten objeciones.
    c. La fase en la que se argumenta al cliente.
    d. La fase en la que se fideliza al cliente.

7. ¿Cuál de las siguientes respuestas no corresponde a la definición de una venta tradicional?

    a. La entrevista de venta está enfocada a destacar las ventajas del producto.
    b. La entrevista de venta está enfocada a la venta por beneficios.
    c. La forma de argumentar del vendedor es genérica.
    d. El vendedor es un informador que trata de convencer al cliente.

8. ¿Qué tipo de desarrollo debe tener un buen profesional de la venta?

    a. Desarrollo de habilidades en técnicas de venta, comunicación y ejercicio de influencia y persuasión.
    b. Desarrollo de conocimientos técnicos en productos y servicios.
    c. Desarrollo de conocimientos sobre el mercado.
    d. Todas las opciones son correctas.

9. ¿Qué concepto define las expectativas depositadas en el profesional que ejerce el liderazgo, para abordar de manera eficiente la consecución de objetivos con los recursos limitados asignados (humanos, materiales y tiempo)?

    a. Gestión transformacional.
    b. Gestión autocrática.
    c. Gestión efectiva.
    d. Gestión democrática.

10. ¿Qué aspecto es clave para dominar la comunicación efectiva?

    a. La parte verbal de la comunicación.
    b. La parte vocal de la comunicación.
    c. La parte visual de la comunicación.
    d. Todas las opciones son correctas.

Identificar las necesidades del cliente (I)

Contenido

Objetivos

El objetivo general de esta Unidad de Aprendizaje es:

→ Comprender cómo fluye el proceso de toma de decisiones en la compra, a fin de saber ejercer influencias en el comportamiento del consumidor.

Los objetivos específicos de esta Unidad de Aprendizaje son:

→ Identificar las fases en la toma de decisiones por parte del consumidor.

→ Enumerar los tipos de clientes.

→ Determinar los factores externos que afectan al comportamiento del cliente.

→ Concretar los distintos motivos de compra.

1. Introducción

En el desarrollo de habilidades de comunicación con el cliente, es fundamental conocer y entender el proceso en el que los consumidores gestionan sus decisiones de compra y todos los elementos que participan. Teniendo conocimiento de todo ello, junto con el dominio de técnicas, el vendedor podrá adaptar las estrategias de comunicación para ejercer la influencia en el comportamiento del cliente para dirigirlo al cierre de la operación.

Comprender el proceso de toma de decisiones ayuda a la negociación en las diferentes situaciones presentadas en los procesos de compra de cada cliente y, lo que es más importante para el profesional de las ventas, saber gestionar los distintos esfuerzos en función de los factores motivacionales del comprador.

Por todo ello, en esta segunda unidad te adentrarás en la personalidad de los distintos tipos de consumidores, conocerás los principales rasgos, situaciones y tratamientos a fin de ejercer influencia, y advertirás cómo afectan las creencias y actitudes de los clientes a la hora de comprar.

Para ello, nos seguiremos basando en el caso de Jorge, un buen profesional de la venta de seguros que ahora le toca liderar un equipo comercial.

2. Influencias en el comportamiento del consumidor

👉 HILO CONDUCTOR

Jorge ya ha conseguido conformar un buen equipo de trabajo al que tendrá que dar pautas de cómo actuar para transmitir la misma filosofía de empresa. En primer lugar, quiere saber si cada comercial conoce el proceso de compras para un producto que no se puede oler ni tocar. No es fácil comercializar productos de vida y ahorro, pero mucho más difícil es dominar el arte de la venta si no se conocen las influencias que impactan en el consumidor.

Antes de abordar las influencias en el comportamiento del consumidor, es importante conocer cuál es el proceso natural por el que cualquier individuo transita en la toma de decisiones frente a una posible compra.

La siguiente interacción muestra las fases por las que pasa un consumidor hasta que finalmente toma la decisión de adquirir o contratar un producto o servicio y es fidelizado:

1. **Necesidad/motivación:** en la primera fase, el comprador toma conciencia del problema que tiene o la necesidad de cubrir un deseo. Nace la motivación hacia la búsqueda de una solución.
2. **Búsqueda de información:** con posterioridad, el comprador inicia la búsqueda de información en distintas fuentes (internet, vendedores, etc.) Sobre las posibles soluciones para atender a la necesidad o resolver el problema.
3. **Análisis:** es la fase en la que el comprador analiza y evalúa las opciones encontradas.
4. **Toma de decisiones:** toma la decisión de comprar un producto o contratar un servicio tras concluir con el análisis de las diversas opciones.
5. **Evaluación:** una vez alcanzada la solución, existe una fase por la que el comprador hace una valoración de la adquisición en función del grado de satisfacción obtenido.
6. **Fidelización o abandono:** tras la reflexión, existe la posibilidad de que el cliente repita en un futuro la experiencia de compra o referencie el producto o servicio contratado (fidelización). También puede darse la opción de que el producto no quede referenciado ni el cliente fidelizado.

 **NOTA**

Se describe lo que puede ser un patrón genérico de actuación hacia la acción de compra, aunque es posible que en ciertos casos se omita algún paso.

Son varias las **influencias internas** a las que se somete la decisión de compra por parte del **consumidor.**

Observa el listado que viene a continuación:

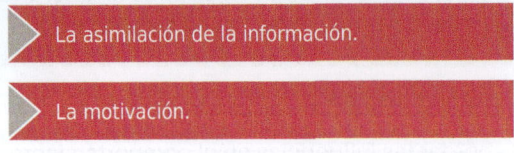

La asimilación de la información.

La motivación.

Continúa en página siguiente >>

<< Viene de página anterior

El comportamiento y las creencias.

La personalidad que caracteriza al consumidor.

El estilo de vida del consumidor.

La etapa de vida del consumidor.

Sin duda, la manera en la que una persona procesa la información que recibe influye en el proceso de compra. Esto es observable cuando, por ejemplo, se analiza qué dos factores concurren en el cerebro de un individuo durante la asimilación de una información, sea o no comercial.

¿Quieres saber cuáles son? Continúa para conocer en qué consiste la percepción y el aprendizaje, más adelante abordarás estas cuestiones con algo más de profundidad:

- ⮑ **Percepción:** es la función que tiene el cerebro para procesar e interpretar la información recibida mediante los sentidos.
- ⮑ **Aprendizaje:** es la función que tiene el cerebro para construir conocimiento según la información recibida.

3. Las necesidades de los clientes

 HILO CONDUCTOR

Gustavo, un vendedor con cierto desparpajo y recién incorporado a la oficina comercial, está sorprendido por la gran cantidad de información que manejan las mejores técnicas de mercadotecnia. Sin duda, él tiene actitud para ser un buen profesional, sin embargo, tendrá que completar una formación específica que le ayudará a entender los diferentes escenarios de compra que se presentan.

Otros factores determinantes son los **escenarios** en los que el cliente potencial se puede ver ante la circunstancia de adquirir un producto o servicio:

- **Obtener una solución a un problema complejo:** requiere de un periodo de búsqueda de información importante. También de una fase de análisis en la que el cliente pueda valorar las distintas opciones en función del grado de prioridades. Tener necesidad de adquirir una vivienda o un vehículo son ejemplos de esta situación de compra.
- **Obtener una solución a un problema limitado:** el cliente busca información basada en experiencias previas. Suele repetir experiencias, si fueron satisfechas. Es capaz por sí mismo de indagar en la búsqueda de soluciones, aunque suele recurrir a fuentes externas para valorar ofertas y precios. Un ejemplo puede ser la compra de dispositivos móviles, ordenadores, etc.
- **Obtener una solución a un problema rutinario:** el cliente no necesita hacer una búsqueda de información, ya que se limita a repetir hábitos de compra sin necesidad de hacer un análisis previo. La compra diaria de alimentos es un buen ejemplo.

Con independencia del escenario en el que se desarrolla el proceso de compra, el profesional que asiste al cliente debe saber manejar y **transformar** toda aquella **información** de carácter **cuantitativo** que el consumidor proporciona, en una **información cualitativa.**

La idea es poder construir el **perfil del cliente,** conocer sus **necesidades,** prioridades, objetivos. Solo de esta forma se tendrá la oportunidad de alinear la solución que se le va a proponer para que las expectativas sean satisfechas.

¿Qué son las necesidades y qué relación existe con la motivación?

Antes de nada, lee la definición de cada concepto que proporciona la Real Academia Española:

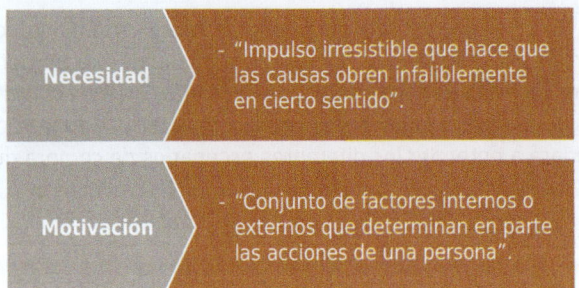

Necesidad - "Impulso irresistible que hace que las causas obren infaliblemente en cierto sentido".

Motivación - "Conjunto de factores internos o externos que determinan en parte las acciones de una persona".

Quizá ahora te resulte más fácil establecer una relación entre los términos **necesidad** y **motivación**: cuando un individuo se encuentra frente a un producto, el interés que muestra hacia él es mínimo en comparación con el significado de lo que le puede suponer adquirirlo. Es decir, nadie adquiere un producto por el hecho de ser un artículo, sino por las satisfacciones o beneficios que le podría proporcionar.

La **pirámide** de necesidades formulada por el psicólogo Abraham **Maslow** representa todas las **necesidades humanas** organizadas en una jerarquía. En ella se explica cómo las personas, a medida que van cubriendo necesidades básicas (comenzando por las fisiológicas), convierten otras nuevas necesidades ubicadas en estamentos superiores en prioritarias.

Necesidad de autorrealización
creatividad, libertad, audencia de prejuicio, aceptación de la realidad

Necesidad de autoestima
confianza, respeto, progreso personal, etc.

Necesidades sociales
relaciones interpersonales, familiares, etc.

Necesidad de seguridad
física, mental, moral, de propiedad, de reciursos, etc.

Necesidad fisiológicas
respirar, comer, dormir, etc.

IMPORTANTE

En el ámbito de las ventas, las necesidades de los consumidores son ordenadas y dinámicas. A medida que existe una necesidad cubierta, siempre nace otra necesidad superior. Maslow recalcó que toda necesidad satisfecha es la que puede dar la explicación de la actitud y comportamiento de las personas. O lo que es lo mismo: la necesidad es la que dirige el comportamiento de los sujetos hacia aquello que es capaz de satisfacer esa necesidad.

¿Cómo y para qué construir el perfil del cliente?

Las técnicas de mercado se benefician de la identificación de los tipos de clientes, ya que son capaces de descubrir patrones de conducta en ellos que son de buena ayuda para los profesionales dedicados a la venta. Esto permite al vendedor seleccionar entre multitud de opciones cuál es la mejor solución para hacer una buena propuesta al cliente.

Este **patrón de comportamiento** determina el **estilo de vida del consumidor,** dejando también muy buenas pistas para guiar a los potenciales clientes hacia el **embudo de venta:**

- **Atracción:** para generar tráfico de clientes.
- **Interacción:** para generar vínculos con los clientes.
- **Conversión:** para generar ventas.
- **Fidelización:** para aumentar las ventas.

NOTA

El estilo de vida influye en cómo las personas perciben sus necesidades y toman decisiones de compra. A lo largo de la vida, cada compra sigue un proceso similar:

1. Identificación de la necesidad.
2. Búsqueda de información y soluciones.
3. Evaluación de opciones y toma de decisión.
4. Compra y acción final.

Las nuevas tecnologías ayudan a analizar estos patrones a través de *big data,* **IA, CRM y redes sociales,** permitiendo a las empresas comprender mejor a su clientela, personalizando sus estrategias.

Otro detalle importante es conocer en qué etapa de la vida se encuentra el consumidor.

EJEMPLO

Una persona soltera y sin cargas familiares ni financieras y con buenos recursos económicos está más orientada a disfrutar de artículos y servicios que le ofrecen diversión (vacaciones, vehículos a motor, videojuegos, tecnología, etc.), mientras que una persona casada y con hijos, con cierta insatisfacción profesional y económica, se interesa por un tipo de artículo publicitado en televisión.

📝 **ACTIVIDAD COMPLEMENTARIA**

2. Lee atentamente el siguiente artículo de Nana González publicado en el Blog de Question Pro:

https://redirectoronline.com/comt052po0201

Tras su lectura, trata de explicar cómo la compra de mascarillas diseñadas para hacer frente a la COVID-19 puede cubrir varias necesidades expuestas en la pirámide de Maslow.

---

4. Tipos de clientes

 HILO CONDUCTOR

Jorge avanza en su discurso, pero observa que gran parte de los agentes comerciales desconocen que existe una clasificación de clientes cuyo tratamiento debe ser diferente. Profundizar en esta cuestión es una excelente oportunidad para los vendedores, ya que Jorge podrá mostrar a todos ellos cómo se han de

Continúa en página siguiente >>

<< Viene de página anterior

comunicar en situaciones habituales en función del tipo de cliente. ¡Comienza la formación para mejorar técnicas de comunicación!

No todos los clientes son iguales, existen varias tipologías que ayudan al comercial a adecuar la estrategia de ventas y a gestionar de forma eficaz determinadas situaciones.

A continuación, verás algunos **tipos de clientes** cuyas características requieren de un tratamiento y comunicación específica para salvar algunas situaciones.

4.1. Cliente conflictivo

Se caracteriza por tener una personalidad arrolladora que suele provocar situaciones incómodas y discusiones. Piensa que siempre tiene razón en lo que dice, poniendo todo a prueba. Suele ser bastante desconfiado con lo que se le ofrece. Demanda siempre una atención distinguida.

Genera situaciones incómodas cuando:

- No es atendido de forma atenta.
- La espera para ser atendido se alarga.
- Se le contraargumenta.
- Detecta inseguridad en el vendedor.

¿Cómo actuar?

- No interrumpirle cuando exponga sus quejas.
- Evitar entrar en discusión.
- Adoptar una actitud serena y afable.
- Atender sus llamadas de atención.

4.2. Cliente dubitativo

La timidez y la inseguridad son características propias de estos individuos. Son indecisos por naturaleza y les cuesta exponer con claridad sus necesidades. Suelen ser reservados con las respuestas y siempre necesitan tiempo para reflexionar.

El cliente dubitativo no se encuentra a gusto en determinadas situaciones:

⮥ Al ser excesivamente amigable con él.
⮥ Al formularle varias soluciones a la vez.

¿Cómo actuar?

⮥ Darle tiempo para pensar y a que exprese sus necesidades.
⮥ Generar confianza.
⮥ Permitirle que se explique con respuestas largas.
⮥ Proponerle el menor número de alternativas.
⮥ Empatizar con sus puntos de vista.

4.3. Cliente grosero

Es un tipo de cliente difícil de gestionar. Se caracteriza por adoptar una actitud continua de enfado y ofensiva que conlleva discusiones y una comunicación agresiva.

Provoca situaciones nos deseables cuando:

⮥ Entiende que se le lleva la contraria.
⮥ Cree que la atención no es adecuada.

¿Cómo actuar?

⮥ Mantener una actitud cortés pero asertiva.
⮥ Obviar y no personalizar expresiones groseras.
⮥ Mantener frialdad al argumentar sin caer en sus provocaciones.

4.4. Cliente vehemente

Se trata de un tipo de cliente impaciente y desconcentrado cuya actitud impulsiva le lleva a ser pasional en sus exposiciones. No tiene reparo en cambiar de opinión en el último momento.

Las situaciones que potencian sus atributos son:

⮥ Hacerle varias propuestas con las que se vea obligado a elegir entre distintas opciones.
⮥ Hacerle pensar demasiado.

¿Cómo actuar?

- Mostrar seguridad, consistencia argumental y firmeza en discursos cortos y claros.
- Adoptar una actitud ágil de respuesta.

4.5. Cliente desconfiado

Es un cliente irreflexivo, susceptible pero dominante que pone en duda toda la información que se le proporciona.

Se vuelve aún más desconfiado cuando:

- Percibe que no se le cree.
- Se le muestra cierta actitud de debilidad.
- Percibe que no se le ha proporcionado toda la información.
- No se cumple con lo expuesto o pactado.
- Percibe que se le trata injustamente.

¿Cómo actuar?

- Con serenidad, sin insistencia y calma.
- Formularle preguntas que le permitan expresarse.
- Ahondar en aquellos puntos que unen, parafraseando en aquello en lo que tiene razón.
- Proporcionarle siempre argumentos demostrables.
- Generarle confianza y seguridad.

4.6. Cliente sabelotodo

Se considera un cliente inteligente y listo y no duda en proclamar con orgullo sus amplios conocimientos. En cuanto a su comportamiento, tiende a ser dominante y altivo, reclamando toda la atención y focalizando en aquellos errores o defectos de otros.

Sus "virtudes" se potencian cuando:

- Observa que se le razona con varias perspectivas o puntos de visa y en circunstancias críticas.

¿Cómo actuar?

- Adoptar una actitud serena.
- Evitar llevarle la contraria.
- Ser sutil a la hora de descubrirle una equivocación para evitar ofensas.

4.7. Cliente meticuloso

Es el perfil que más claro tiene lo que quiere. Necesita respuestas rápidas y ágiles, pues sabe lo que busca y suele expresarse con pocas palabras.

Se siente incómodo en:

- Circunstancias que no controla.
- Ausencia de calidad en la solución propuesta.
- Escasez de información en la oferta.

¿Cómo actuar?

- Mostrando interés y profesionalidad.
- Ofreciéndole respuestas cortas y claras.
- Demostrando eficacia y eficiencia.

4.8. Cliente charlatán

Como su calificativo indica, se trata de un tipo de cliente muy hablador que suele repetir sus exposiciones y argumentos dentro de un mismo discurso. Es agradable aunque, pasado el tiempo, puede resultar algo cargante.

Le gusta verse cuando:

- Se siente protagonista y atrae la atención de los demás.

¿Cómo actuar?

- Amigablemente pero con cierta distancia para evitar que nos haga perder el tiempo.
- No permitir que lidere las conversaciones y hacerlo de manera sutil, desviando el tema de conversación a lo que interesa mediante preguntas.
- No entrar en sus juegos dialécticos.

5. Influencias sociales en el comportamiento del cliente

☞ **HILO CONDUCTOR**

Ahora que cada comercial conoce las pautas de cómo actuar en función de las características del tipo de cliente, Jorge insiste en que, para provocar el cierre (también para prospectar), es vital asesorar desde el conocimiento del cliente.

- -

Existen **influencias sociales** en el comportamiento del cliente:

Asociadas a la cultura
- Corresponde a un conjunto de comportamientos, símbolos, reglas y valores que impactan en la conducta de las personas. Este tipo de influencias traspasa generaciones.

Asociadas a los valores
- Hacen relación a un modo de creencia que tiene el ser humano para asumir que una determinada conducta individual o de grupo es mejor que cualquier otro comportamiento.

Ligadas a la subcultura o cultura minoritaria
- Son aquellas ligadas a un grupo de individuos que comparte tradiciones y cultura, pero que participa de distinguidos elementos que hacen que se convierta este colectivo en un subgrupo dentro de otro mayor.

Asociadas a la clase social
- Corresponde a la agrupación de personas dentro de una sociedad que comparten un mismo estatus social y están asociadas a elementos y normas de comportamiento comunes.

NOTA

Las crisis económicas, sanitarias, etc., también generan influencias sociales modificando comportamientos de la ciudadanía hacia el consumo.

Como factor influenciador en el comportamiento del consumidor está el grupo social al que pertenezca o al que se desea o no pertenecer, viéndolo como un grupo de referencia.

Pero existen unas distinciones de estos grupos de referencias que debes advertir. Seguro que al conocerlos podrás fácilmente identificarte o no con grupos sociales que te influyen, sin saberlo, en tu decisión de compra:

⮑ **Directos:** son grupos de referencia donde existe una relación directa con el consumidor.

    ☽ **Primario:** grupos cercanos de referencia con los que existe una relación habitual y de carácter informal (familia, compañeros, etc.).
    ☽ **Secundario:** grupos de referencia menos consolidados pero con los que existe alguna interacción (redes sociales, redes profesionales, etc.).

⮑ **Indirectos:** son grupos de referencia donde no existe una relación directa con el consumidor.

    ☽ **Deseado:** colectivos a los que el consumidor le gustaría pertenecer.
    ☽ **No deseado:** colectivos que el consumidor rechaza.

◯ EJEMPLO

A lo largo de los años, la migración ha hecho posible que las poblaciones se entremezclen y nazcan nuevas culturas por la convivencia. El resultado de los movimientos migratorios genera una influencia en el comportamiento hacia el consumo.

NOTA

En la actualidad, y debido al fomento de las redes sociales y la globalización, existen líderes de opinión en comunidades virtuales sociales, conocidos como ***influencers.***

La influencia de ciertos creadores de contenido en redes sociales afecta directamente a la toma de decisiones de las personas consumidoras de productos y servicios. Por ejemplo, en el ámbito del desarrollo personal, los *influencers* con una fuerte presencia digital son capaces de moldear hábitos, creencias y elecciones de su audiencia en áreas que abordan. Su credibilidad y conexión con el público los convierten en figuras clave en la difusión de ideas sobre productividad, mentalidad y éxito; pueden incluso impactar en la mentalidad y decisiones de sus seguidores. A través de recomendaciones, la influencia se ejerce de tal forma que condiciona a las personas que consumen el contenido, toman decisiones y adoptan nuevas rutinas. Las redes sociales pueden ser un potente canal de comunicación que otorga credibilidad y confianza a la audiencia.

VÍDEO

En este vídeo puedes ver cómo mejorar la productividad al leer libros. Con ello, se ilustra cómo los *influencers* pueden guiar sutilmente las elecciones de los usuarios de su comunidad.

https://redirectoronline.com/comt052po0203

6. Las percepciones del consumidor

 HILO CONDUCTOR

Una de las cuestiones más complejas a la hora de abordar la venta es tener la capacidad de empatizar para argumentar de forma guiada para llamar la atención del cliente sobre aquello en lo que interesa focalizar. ¿Cómo percibe la información el consumidor? Todo el equipo de trabajo de Jorge sigue atento y expectante para afrontar una nueva jornada de formación. Jorge pretende que cada comercial se ponga las diferentes lentes con las que un cliente percibe el producto ofertado. De esta manera aprenderán a poner en marcha estrategias para no perder la atención del cliente.

Durante la percepción del consumidor a la hora de asimilar la información, se ponen en marcha estímulos que hacen posible que las personas pongan o no atención a determinados elementos. Este proceso recibe el nombre de **atención selectiva.**

En la atención selectiva, la información contiene infinidad de elementos que pueden concordar o no con las creencias y vivencias del comprador. De alguna manera, la persona selecciona qué es aquello que rechaza a favor de otras cosas.

Los consumidores buscan estímulos que estén asociados a la resolución de problemas actuales.

 IMPORTANTE

Ante la atención selectiva, se puede ejercer cierta influencia en el comprador con llamadas de atención, bien sea con estímulos visuales u otros que consigan centrar el producto como único foco de atención.

También ocurre otra circunstancia durante el proceso de percepción, en el que las personas hacen su propia interpretación de la información, quedando esta asimilada de forma distorsionada. Dicha situación recibe el nombre de **distorsión selectiva.**

En ella, las personas adecúan la información recibida en función de sus creencias, distorsionándola y adaptándola a conceptos que previamente ya tenían definidos.

Los individuos transforman los datos proporcionados en información, influidos por sus conocimientos previos.

IMPORTANTE

Ante esta percepción del mensaje, el vendedor debe transmitir claridad y simpleza en la comunicación. De esta forma, se ejercita cierta influencia para controlar lo que realmente interesa que el cliente capte.

La tercera y última situación presentada durante el proceso de percepción recibe el nombre de **retención selectiva.**

En ella, debido a la gran cantidad de información recibida y las novedades, las personas procesan aquella parte del mensaje acorde a su forma y manera de pensar y actuar; el resto del mensaje queda olvidado.

Gran parte de las experiencias de compra son olvidadas al surgir innovaciones en los productos.

IMPORTANTE

Para ejercer influencia en el área de la retención selectiva, es fundamental desarrollar un discurso metafórico que recuerde al cliente experiencias vividas no olvidadas. Para ello, será necesario hacer preguntas para conocer e indagar en el cliente y aprovechar esas respuestas para adecuar la solución propuesta a un nuevo contexto de compra.

Finalmente, cuando se produce el procesamiento del mensaje, el consumidor tiende a reorganizar el contenido para organizarlo en su memoria para que este perdure en el tiempo. Este resultado recibe el nombre de **aprendizaje.**

El proceso se realizaría de la siguiente forma:

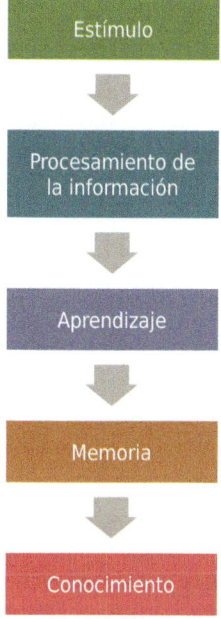

¿Qué tipos de aprendizaje existen desde la perspectiva de un consumidor?

Aquí tienes las dos teorías que condicionan el aprendizaje:

- **Condicionamiento clásico:** se produce el aprendizaje mediante el uso de la información obtenida por la relación repetitiva entre dos estímulos. Es decir, el sujeto aprende por asociar eventos, esperándose de él una conducta determinada.
  El condicionamiento clásico tiene como objetivo ejercer influencia en la conducta del comprador, también la de predecir comportamientos. Por ejemplo:
  El condicionamiento clásico tiende a relacionar estrechamente una persuasión primaria (éxito social) con una respuesta secundaria (adquisición de una marca determinada de coche), de tal manera que igualmente la posible compra del vehículo llevará implícitas las emociones que despierta el éxito social.
- **Condicionamiento operante:** se produce el aprendizaje gracias al aumento o disminución de estímulos (refuerzo positivo / refuerzo negativo). Se evalúa el comportamiento de un consumidor en función de la evaluación realizada.

Según la teoría de Pavlov (condicionamiento clásico), para que exista una respuesta del consumidor condicionada es necesario que el estímulo que está condicionado se repita frecuentemente en aproximación al estímulo que no está condicionado.

1. Antes de condicionar el comportamiento de un perro frente a un plato de comida, ambos estímulos (comida + salivación) son incondicionales.
2. Surge un estímulo sonoro neutral (diapasón) que no tiene respuesta condicionada en el perro cuando lo escucha, ya que no lo asocia con la comida.
3. Durante el condicionamiento, se suma el sonido del diapasón con el plato de comida y la respuesta es la salivación del perro.
4. Después de suceder el condicionamiento, el perro salivará con el sonido del diapasón sin necesidad de mostrar el plato de comida (estímulo condicionado + respuesta condicionada).

En el ámbito de la comunicación publicitaria, sería necesario:

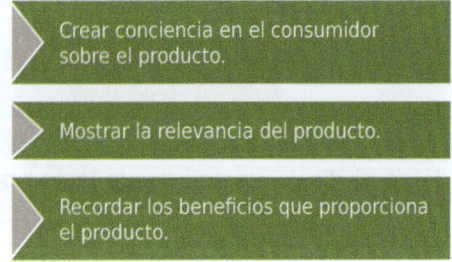

Crear conciencia en el consumidor sobre el producto.

Mostrar la relevancia del producto.

Recordar los beneficios que proporciona el producto.

APLICACIÓN PRÁCTICA

El supermercado Blas busca reforzar el consumo de un determinado producto pretendiendo que los consumidores adquieran mayor cantidad del mismo. Por ello, la gerencia ha decidido crear una oferta atractiva y atrayente. ¿Qué tipo de condicionamiento se está utilizando?

Solución

Se trata del condicionamiento operante. Las ofertas hacen la función de recompensa (refuerzo positivo) para el consumidor. Sirven de estímulo para que se adquiera más cantidad de producto.

7. Los motivos de compra

👉 **HILO CONDUCTOR**

El interés de Gustavo por compartir su primera experiencia en la comercialización de un seguro de vida y en el cierre de una venta le lleva a formular en voz alta una interesante cuestión en plena reunión: "¿Sabéis cuál fue el motivo por el que el cliente me cerró mi primera operación?". Todos estaban muy atentos a la respuesta y en pleno silencio se oyó la palabra "amor".

Jorge, impresionado, le pidió por favor que compartiera los detalles de esa conversación. Si fue sorprendente esta primera respuesta, más asombrados se quedaron cuando dio la explicación:

"... después de empatizar con mi cliente, y antes de que yo le hiciera una propuesta, me comentó que tenía prisa, pues quería comprar un regalo a su esposa. Aproveché esta oportunidad para preguntarle qué era aquello que le reportaría más tranquilidad en su vida. En la respuesta me nombró de nuevo a su mujer, también habló de su futuro si él no estuviera. Sin duda, me firmó mi primer seguro de vida simplemente por amor".

Un factor determinante para dominar el arte de la venta es identificar el **motivo de compra** del cliente.

Para detectar la motivación de los consumidores que les lleva a adquirir productos, existen técnicas específicas que pasan por dominar la **regla MICASO**.

¿En qué consiste esta regla nemotécnica?

Para descubrirla solo tienes que prestar atención al significado de las iniciales que forman el nombre de la regla:

Moda
- La motivación está originada por el deseo de adquirir algo nuevo que está de moda.

Continúa en página siguiente >>

<< Viene de página anterior

Interés
- La motivación está originada por el interés de mejorar la economía, bien sea por el ahorro a largo plazo que supone la adquisición o por el miedo que genera la posibilidad de perder algo ("si no cambio el coche ahora, luego no me darán nada por él"). Por interés se consume tanto por el deseo de ganar como por el miedo a perder.

Comodidad
- La motivación está originada por el deseo de aumentar el confort, la tranquilidad o la disminución de complejidades.

Afecto
- La motivación está originada por el deseo de sentirse identificado con la filosofía de una marca y sus valores.

Seguridad
- La motivación está originada por el instinto de conservación, por mantener la integridad física o la salud.

Orgullo
- La motivación está originada por el prestigio que proporciona adquirir un determinado producto que no todo el mundo puede comprar o tener y satisfacer ese grado de vanidad.

IMPORTANTE

En ninguna circunstancia el comercial o vendedor deberá proponer soluciones bajo su propio patrón de compra.

TAREA 2

Durante los primeros momentos de la pandemia originada por la COVID-19, las noticias de consumo iban dirigidas a destacar los productos más demandados

Continúa en página siguiente >>

<< Viene de página anterior

por la ciudadanía (entre ellos, estaba el papel higiénico, la harina e incluso la cerveza).

Basándote en esta información, indica cómo la crisis económica es un factor externo que influye en el comportamiento del cliente y qué tipo de motivación aumenta en esta situación.

8. Resumen

El proceso natural por el que cualquier individuo transita en la toma de decisiones a la hora de comprar discurre por varias etapas:

1. Necesidad / motivación
2. Búsqueda de información
3. Análisis
4. Toma de decisiones
5. Evaluación
6. Fidelización o abandono

Durante el proceso de compra se aprecian influencias, unas internas y otras sociales, que modifican el comportamiento de los consumidores:

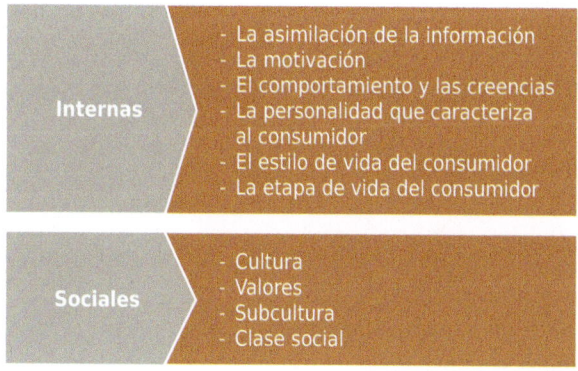

Comprender estas influencias, además de otros aspectos importantes enumerados a continuación, hacen que el **buen vender** sea posible, permitiendo mejorar toda estrategia comercial, de comunicación y de negociación hacia el tipo de ventas exigido y demandado por las empresas actuales:

- ➲ Conocer las características de los clientes con patrones de comportamiento distintos.
- ➲ Saber cómo percibe el consumidor la información asociada a un producto o a un servicio.
- ➲ Entender cómo el cliente procesa la información transmitida en el mensaje de venta.
- ➲ Conocer los motivos de compra.

Ejercicios de autoevaluación
Unidad de Aprendizaje 2

1. Indica si las siguientes afirmaciones son verdaderas o falsas.

a. El proceso de compra describe lo que puede ser un patrón genérico de actuación del consumidor.

   ■ Verdadero
   ■ Falso

b. El proceso de compra finaliza en el momento en que el cliente adquiere el producto o contrata un servicio.

   ■ Verdadero
   ■ Falso

c. En la fase de análisis del proceso de compra, el cliente evalúa las opciones encontradas en una fase anterior.

   ■ Verdadero
   ■ Falso

2. ¿De qué fases y en qué orden se compone el proceso de compra?

a. Necesidad/motivación, búsqueda de información, análisis, fidelización o abandono, evaluación y toma de decisiones.
b. Necesidad/motivación, búsqueda de información, análisis, toma de decisiones, evaluación y fidelización o abandono.
c. Necesidad/motivación, búsqueda de información, análisis, evaluación, fidelización o abandono y toma de decisiones.
d. Necesidad/motivación, análisis, búsqueda de información, evaluación, fidelización o abandono y toma de decisiones.

3. ¿Qué nombre recibe la función que tiene el cerebro para procesar e interpretar la información recibida mediante los sentidos?

a. Percepción
b. Aprendizaje
c. Inteligencia
d. Juicio

4. ¿Qué nombre recibe la función que tiene el cerebro para construir conocimiento en función de la información recibida?

a. Juicio
b. Inteligencia
c. Aprendizaje
d. Razón

5. Cuando el cliente busca información basada en experiencias previas, busca obtener una solución a un problema...

a. ... limitado.
b. ... complejo.
c. ... rutinario.
d. Todas las opciones son incorrectas.

6. ¿Qué nombre recibe el conjunto de factores internos o externos que determinan en parte las acciones de una persona?

a. Necesidad
b. Motivación
c. Deseo
d. Todas las opciones son correctas.

7. ¿Qué tipo de necesidad humana se encuentra en el punto jerárquico más elevado de la pirámide de Maslow?

a. Necesidad de seguridad
b. Necesidad de autorrealización.
c. Necesidad fisiológica.
d. Necesidad de relaciones sociales.

8. ¿Cómo se ha de actuar ante un cliente dubitativo?

a. Dándole tiempo para pensar y expresar sus necesidades.
b. Generándole confianza.
c. Proponiéndole el menor número de alternativas y empatizando con sus puntos de vista.
d. Todas las opciones son correctas.

9. ¿Qué tipo de influencia social corresponde a un modo de creencia que tiene el ser humano para asumir que una determinada conducta individual o colectiva es mejor que cualquier otro comportamiento?

    a. La asociada a la subcultura.
    b. La asociada a la cultura.
    c. La asociada a los valores.
    d. La asociada a la clase social.

10. Durante la percepción del consumidor a la hora de asimilar la información, se ponen en marcha estímulos que hacen posible que las personas pongan o no atención a determinados elementos. ¿Qué nombre recibe este proceso?

    a. Distorsión selectiva.
    b. Atención selectiva.
    c. Retención selectiva.
    d. Aprendizaje selectivo.

Identificar las necesidades del cliente (II)

Contenido

Objetivos

El objetivo general de esta Unidad de Aprendizaje es:

→ Descubrir las peculiaridades de los mercados masivos y los productos comercializados en ellos a fin de tener la oportunidad de acceder a los beneficios que ofrece la venta de productos en este tipo de mercado valorando también sus inconvenientes.

Los objetivos específicos de esta Unidad de Aprendizaje son:

→ Conocer las motivaciones que llevan a las empresas a producir y vender para el mercado masivo.

→ Descubrir las necesidades de los productos masivos para satisfacer al cliente.

→ Identificar las características de los productos de consumo masivo.

→ Distinguir elementos que componen una oferta de compra.

1. Introducción

Todo negocio que se inicia en su actividad, o bien quiere sobrevivir en el contexto empresarial actual, requiere de un potente producto capaz de distinguirse en un mercado cada vez más competitivo.

Esta distinción puede venir de la mano de las características propias del producto, aunque también de otros elementos como son el precio, el volumen de producción, el tiempo de entrega, la financiación, la posventa, etc., o simplemente la forma en la que el vendedor presenta la propuesta.

En esta unidad, conocerás el comportamiento de los clientes ante los mercados masivos, a fin de contar con información relevante que te ayude a comprender qué tipo de clientes se encuentran en estos mercados y cómo se puede satisfacer sus necesidades, aprendiendo a diferenciarte. Finalmente, aprenderás qué papel juega el profesional de la venta en el diseño de una oferta para ganar a la competencia con los desafíos propios del mercado masivo.

Para ello, nos seguiremos basando en la experiencia de Jorge, que se inicia como empresario a través de una franquicia de seguros que lidera.

2. El cliente ante los mercados masivos

☞ HILO CONDUCTOR

Tras la interesante jornada de ayer y el gran broche de oro que puso Gustavo al compartir su primera experiencia de venta, Jorge piensa que debe dar una formación específica a todos los empleados sobre los intereses y necesidades de la gente que vive en familia. Se trata de comprender cuáles son las necesidades y coberturas de estas personas cuyas rutinas son típicas.

- -

Para saber de qué elementos te ayudarás para diferenciarte de otros que compiten contigo y destacar en un mercado globalizado, debes saber seleccionar previamente el tipo de mercado que se interesará por tu propuesta.

Para la mayoría de las soluciones que se ofertan, ya sean productos o servicios, existen dos tipologías de mercados:

Mercado masivo	- Corresponde a un tipo de mercado muy diverso y genérico. Está asociado a grandes volúmenes de producción. Las empresas focalizan su esfuerzo en la producción asociada a grandes volúmenes, ya que siguen la estrategia basada en la oferta que tiene como finalidad llegar al mayor número de consumidores. El mercado de la ropa casual es muy buen ejemplo. También en este mercado se comercializan productos y servicios de uso cotidiano.

Nicho de mercado	- Corresponde a una pequeña porción del mercado masivo que ha sido segmentado previamente. Se caracteriza por agrupar una población que reúne unas características e intereses iguales y que requieren cubrir unas necesidades muy homogéneas. Existen multitud de nichos de mercado asociados a temáticas muy diversas:
	  - Deportes de riesgo.
	  - Alimentación.
	  - Emprendimiento.
	  - Tecnología.
	  - Etcétera.

IMPORTANTE

En el ámbito de la mercadotecnia, identificar el nicho de mercado es útil porque ayuda a subir posiciones en el mercado de referencia, es decir, permite al negocio ser reconocido como referente acorde al nicho de mercado. Además, permite contar con información muy válida para tratar temas de interés para esos nichos de mercado.

Las empresas que apuestan por el mercado masivo utilizan mecanismos de publicidad que aseguran que el mensaje que desean transmitir llega al mayor número de personas posible.

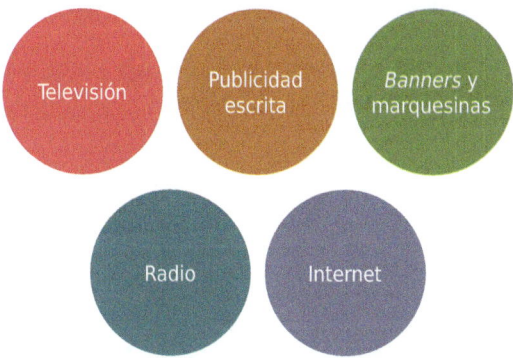

Los productos que se ofrecen en los mercados masivos suelen ser aquellos que los consumidores reconocen como de primera necesidad o de usabilidad limitada como, por ejemplo: alimentos, productos de higiene personal o incluso la oferta de servicios médicos a través de compañías sanitarias.

El consumidor aspira a adquirir estos y otros productos y servicios a un precio no muy elevado.

NOTA

La publicidad empleada no tiene en cuenta los parámetros utilizados en la segmentación asociada a los nichos de mercado, ya que es un altavoz para un público masivo. Cuando se utiliza el escaparate de internet, esta publicidad se aloja en sitios que normalmente tienen un gran tránsito de usuarios.

APLICACIÓN PRÁCTICA

Agustín está valorando la posibilidad de emprender a través de un negocio cuyos artículos o servicios puedan llegar a un público genérico lo más diversificado posible. Entre sus ideas están:

Continúa en página siguiente >>

<< Viene de página anterior

- **Abrir una peluquería.**
- **Crear un negocio de reparaciones de electrodomésticos.**
- **Montar un negocio de instalación de placas solares.**

¿Podrías indicarle a Agustín cuál de sus ideas parece que no está acorde a sus intereses?

Solución

A día de hoy, las placas solares para el autoconsumo no son productos de mercado masivo, ya que no todo el mundo hace uso de esta tecnología. Su comercialización está más indicada para un segmento del mercado que disponga de unas características en su vivienda que permitan acondicionarla para la instalación de estas placas. Sin embargo, tecnológicamente ya se trabaja para democratizar este sistema de consumo energético sostenible en edificios, cuyos propietarios quieran compartir la energía solar producida por sistemas de paneles solares. Es posible que, a medida que vaya pasando el tiempo, se convierta en un producto de consumo masivo.

Por el contrario, las personas necesitan acudir cada cierto tiempo a la peluquería y también arreglar algún electrodoméstico al que se le pueda alargar la vida, por lo que se consideran ambos servicios del mercado masivo.

---

3. Motivaciones en las compras entre empresas

☞ HILO CONDUCTOR

El seguro de vida es uno de los productos clave de la compañía. Sin embargo, su venta es complicada, ya que la competencia en precios de venta es alta. No obstante, Jorge sabe por experiencia que es posible aportar un valor diferencial como empresa si los comerciales consiguen conocer las carencias de cobertura del cliente potencial. Solo así será posible transmitir los beneficios de contratación de este producto.

Los productos que van dirigidos a cubrir necesidades del mercado masivo cuentan con una serie de características comunes que hacen que nazcan motivaciones en las empresas para competir entre ellas. Esta competencia está motivada en la captación de la clientela, surgiendo ofertas para los clientes realmente sorprendentes:

Inmediatez en su consumo
- Se fabrican para que su consumo sea inmediato o en un pequeño plazo de tiempo.

Consumo cotidiano
- Al cubrir necesidades básicas como la alimentación, higiene, belleza o consumo de servicios, sus usos son diarios o cotidianos.

De fácil acceso
- Son asequibles para la gran mayoría de públicos, pues todos tienen esas mismas necesidades, por lo que son muy fáciles de encontrar.

A precio asequible
- Los precios suelen ser asumibles, aunque se van adaptando a la demanda.

👁 EJEMPLO

El sector del calzado puede considerarse un ejemplo muy representativo de oferta de productos de masas, ya que cualquier individuo, con independencia de su estatus o profesión, necesita consumir calzado.

- -

¿En qué se distingue un producto de consumo masivo?

Observa los detalles ampliando la siguiente imagen y luego realiza la siguiente actividad:

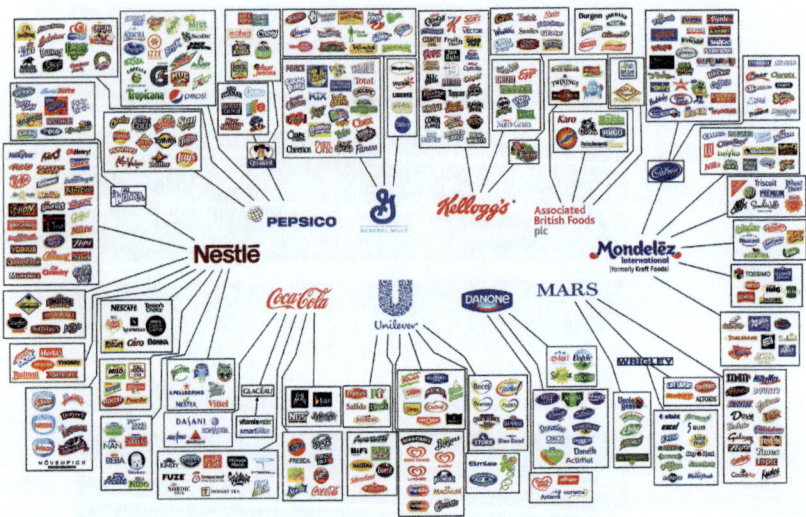

Mercado alimentario (© Imagen: Merca2 / merca2.es)

 ## ACTIVIDAD COMPLEMENTARIA

3. En función de las marcas que aparecen en la imagen anterior, y atendiendo a las características de los productos de mercado masivo, ¿qué dificultades puede encontrar un pequeño negocio al comercializar un nuevo producto desarrollado por él, con idea de captar mayor clientela de este mercado masivo?

Aunque el reto es complicado, las **ventajas** de dirigirse a un mercado de masas son evidentes.

- Entran todo tipo de consumidores. El público es amplio y muy diverso. Tiene gran alcance.
- El volumen de ventas es mayor.
- Al ser una producción grande, el coste de investigación para el desarrollo del producto y la producción es menor.
- Las oportunidades para vender son mayores.

Sin embargo, también existen importantes **inconvenientes** no solo por estar en disposición de competir con grandes marcas, sino también con otros muchísimos vendedores e infinidad de fabricantes y distribuidores.

4. La identificación de las necesidades de los productos

☞ HILO CONDUCTOR

¿Quién necesita un seguro de vida? Formuló Jorge al iniciar la reunión. Todos bajaron muy despacio la mirada cuando la intención solo era que alguno de ellos diera una respuesta argumentada. Jorge aprovechó para explicar que productos de este tipo sirven para garantizar sueños y deseos aún no cumplidos. Salieron de la reunión aún más sorprendidos cuando, tras un *role play* de ventas, no se nombró en ningún momento el producto asignado. "¡Qué arte!", dijo María al comprobar que es pura estrategia comercial descubrir el valor de la necesidad antes de ofrecer la solución correcta.

La inmensa y cada vez más creciente competitividad para ganar cuota de mercado hace necesario identificar las necesidades (no descubiertas) de los productos para transformarlas en soluciones comerciales exitosas. Solo así será posible que la clientela del mercado masivo ponga el foco de atención a tu nueva idea o propuesta que seguro reportará a los clientes beneficios extras.

¿Qué pasos hay que dar para desarrollar un buen producto y obtener los beneficios que reporta el mercado masivo?

Para satisfacer las necesidades de los clientes, quien produce o desarrolla la idea del producto debe seguir un proceso:

Descubre los tipos de necesidades
- Para ello, se puede utilizar el orden jerárquico de necesidades de la pirámide de Maslow que ya conoces. Gracias a ella, es posible identificar el tipo de necesidad y en qué orden de jerarquía se encuentra.

Continúa en página siguiente >>

<< Viene de página anterior

Descubre el valor de la necesidad
- Se trata de descubrir cuánto estaría dispuesto a pagar un consumidor por esa solución o esa actualización del producto para atajar la necesidad ya descubierta.

Descubre la solución correcta para vestir esa necesidad
- Tras conocer el tipo de necesidad, y considerado el valor de la ocasión, el productor tendrá que seleccionar aquella propuesta que cubra de la forma más óptima los intereses del cliente.

IMPORTANTE

No hay que olvidar que los negocios han de identificar las necesidades de los productos. Sin embargo, son los clientes y consumidores quienes son los encargados de su aprobación.

5. La oferta del producto por el vendedor

☞ HILO CONDUCTOR

Ahora toca poner en marcha una buena estrategia de comunicación creando un buen argumento de venta, donde el producto estrella permita liderar la planificación financiera del cliente realizada por el asesor.

En el actual contexto en el que se desenvuelven los negocios en los mercados masivos, el valor diferencial lo aporta aquella empresa o profesional de la venta capacitado que afronta las dificultades como retos superables.

¿Qué prácticas son propias de los vendedores eficientes?

Sigue avanzando para conocer cómo ha de desenvolverse un profesional de las ventas en este escenario de masas:

> Aprendizaje continuo y especializado

> Aprendizaje y dominio de los medios digitales

CONSEJO

No olvides que el vendedor es una pieza clave de las relaciones entre las empresas y los clientes. Por ello, es importante destacar la fuerza de venta que ejercen.

Ante los nuevos desafíos, **¿cómo se ha de crear una buena oferta comercial?**

Bien es sabido que cualquiera puede tener productos listos para vender. Sin embargo, no todo el mundo consigue venderlos.

Quizá la razón más importante la encuentres en que la mayoría de los vendedores pone el foco en el producto, siendo muy pocos los que se centran en crear una oferta eficaz basada en la **experiencia del consumidor.**

Por tanto, el **quid de la cuestión** es: aprender a comercializar el producto o servicio.

Vender un producto sin ninguna experiencia añadida para el cliente es una venta cortoplacista. Sin embargo, una buena oferta se basará en la experiencia que el cliente vivirá durante y tras la compra.

SABÍAS QUE...

Una propuesta de valor efectiva no solo se basa en el producto o servicio, sino en la experiencia que el cliente vivirá antes, durante y después de la compra. Para diseñar una oferta realmente diferenciadora es clave identificar lo que más importa al consumidor y construir una experiencia que aporte valor real.

Si quieres aprender a crear una propuesta de valor inspiradora y bien estructurada, consulta la guía con la que aprenderás a redactar una propuesta de valor

Continúa en página siguiente >>

<< Viene de página anterior

inspiradora, y recuerda que una oferta sólida se fundamenta en la percepción del cliente y en la manera en la que se conecta con su experiencia y necesidades.

https://redirectoronline.com/comt052po0302

Para facilitarte la compresión del significado de **experiencia,** vas a ver un sencillo ejemplo.

👁 EJEMPLO

Imagina que una persona desea hacer un viaje vacacional. Son muchas las opciones que tiene, sin embargo, su experiencia como usuario comienza mucho antes de llegar a su destino, y disfrutarlo va más allá que seleccionar un buen destino y el alojamiento:

1. Planificación del viaje (obtención de información, búsqueda, etc.).
2. Transporte hacia el destino elegido.
3. Entorno.
4. Transporte local.
5. Alojamiento.
6. Restaurantes y tiendas.
7. Ocio y actividades lúdicas.
8. Excursiones.
9. Servicios sanitarios.
10. Transporte de vuelta al origen.

Como puedes observar, este ejemplo muestra diez oportunidades para que la empresa turística pueda diseñar una experiencia turística con un valor diferencial en su oferta. Sin duda, el cliente experimentará desde esta perspectiva un mayor enriquecimiento, percibiendo que no contrata un producto aislado, sino una sucesión de eventos conectados.

A veces, es fácil olvidar que, a nivel de experiencia, pesan más las emociones y vivencias que el producto o servicio como algo racional.

¿Qué ocurriría si un vendedor te ofreciera una solución pensando en cuál será tu experiencia posterior a la adquisición, en vez de centrarse en las virtudes del producto?

La tarea no es fácil, pero si se es capaz de crear una buena oferta, la venta no se resistirá.

Verás seguidamente con qué ingredientes has de contar para diseñar esa oferta eficaz:

- Tendrás que conocer al dedillo los beneficios asociados a la adquisición del producto.
- Deberás comprometerte explicando qué problemas resuelve el producto (promesas).
- Habrás de ofrecer una bonificación o un canje por hacer efectiva la compra del producto (por ejemplo, un 3 x 2).
- Necesitarás ejercer presión para que se dé la decisión de compra dentro de un plazo de vigencia de la oferta.
- Tendrás que ofrecer una garantía si el producto no satisface o no cumple con las expectativas prometidas.
- Deberás contar con un producto.

El que puedas presumir de tener interesantes propuestas implica una serie de beneficios para tu negocio:

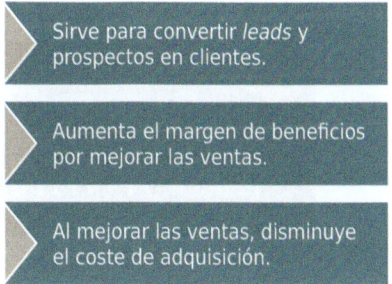

Sirve para convertir *leads* y prospectos en clientes.

Aumenta el margen de beneficios por mejorar las ventas.

Al mejorar las ventas, disminuye el coste de adquisición.

Pero para contar con estas ventajas, debes aprender a diferenciar la venta de un producto que tiene asociada una buena oferta de una simple venta.

A continuación verás la venta de un mismo producto, pero con la diferencia de que en un caso se presenta el producto a secas y en el otro se promueve la venta con una irresistible oferta.

Fíjate bien en todos los detalles. ¿A quién no le gusta tener algo nuevo sin que le cueste dinero?

La primera opción incluye la venta de un producto **sin oferta.**

Detalles de promoción de un curso de piano sin oferta

Ahora comprueba la diferencia con esta otra atractiva oferta, en la que se comercializa el mismo curso de piano pero sin focalizar en la venta del producto, sino en la experiencia del consumidor:

Detalles de promoción de un curso de piano con oferta

CONSEJO

Es importante resaltar aquello que se ofrece de forma gratuita en las primeras líneas, ya que es lo que recordará el cliente cuando tenga que valorar otras propuestas de la competencia. También es interesante recordar el valor diferencial, como puede ser en el caso planteado contar con un soporte gratuito. Por último, hay que destacar aquello que puede suponer un plus al cliente, como la posibilidad de ir acompañado y subir de nivel.

No olvides que el valor de la propuesta se incrementa cuando se aplica un descuento inmediato o con una futura compra, algún regalo, opción de reserva, garantía de devolución o descuento por adquirir un paquete de productos.

 TAREA 3

Manuel acaba de diseñar una publicidad con idea de promocionar su autoescuela. El negocio poco a poco ha ido mermando por la gran competencia del mercado y ha visto que es el momento de lanzar esta oferta a través de las redes sociales, con idea de atraer al mayor número de alumnos y alumnas.

Observa atentamente el modelo de *post* publicitario que incluirá en todas sus redes sociales:

Continúa en página siguiente >>

<< Viene de página anterior

Según la información proporcionada, indica si se trata de una verdadera oferta y distingue en ella, si es el caso, qué elementos cuenta para que sea así.

---

6. Resumen

Para competir en un contexto globalizado de mercado, hay que aprender a destacarse de otros sabiendo diseñar ofertas atractivas y convincentes, pero también se han de conocer las características que hacen que existan dos tipos de mercado:

Mercado masivo
- Corresponde a un tipo de mercado muy diverso y genérico. Está asociado a grandes volúmenes de producción. Las empresas focalizan su esfuerzo en la producción asociada a grandes volúmenes, ya que siguen la estrategia basada en la oferta que tiene como finalidad llegar al mayor número de consumidores. El mercado de la ropa casual es muy buen ejemplo. También en este mercado se comercializan productos y servicios de uso cotidiano.

Nicho de mercado
- Corresponde a una pequeña porción del mercado masivo que ha sido segmentado previamente. Se caracteriza por agrupar una población que reúne unas características e intereses iguales y que requieren cubrir unas necesidades muy homogéneas.

Las empresas que apuestan por el mercado masivo utilizan mecanismos de publicidad que aseguran que el mensaje que desean transmitir llega al mayor número de personas posible.

Los productos masivos se caracterizan por:

- ⮑ Inmediatez en su consumo.
- ⮑ Consumo cotidiano.
- ⮑ De fácil acceso.
- ⮑ A precio asequible.

Aunque existen inconvenientes, como competir con las grandes compañías, los beneficios de las empresas por posicionar sus productos en los mercados de masas son varios:

Sin embargo, para satisfacer las necesidades de los consumidores hay que saber identificar las necesidades de los productos para desarrollar uno capaz de competir de manera destacada.

- Descubriendo los tipos de necesidades.
- Descubriendo el valor de la necesidad.
- Descubriendo la solución correcta para vestir esa necesidad.

Es con el diseño de una buena oferta basada en la experiencia del consumidor cuando se abre la oportunidad para el vendedor de retener y fidelizar. Para ello, se ha de seguir una serie de pasos:

- Tendrás que conocer al dedillo los beneficios asociados a la adquisición del producto.
- Deberás comprometerte explicando qué problemas resuelve el producto (promesas).
- Habrás de ofrecer una bonificación o un canje por hacer efectiva la compra del producto (por ejemplo, un 3 x 2).
- Necesitarás ejercer presión para que se dé la decisión de compra dentro de un plazo de vigencia de la oferta.
- Tendrás que ofrecer una garantía si el producto no satisface o no cumple con las expectativas prometidas.
- Deberás contar con un producto.

Ejercicios de autoevaluación
Unidad de Aprendizaje 3

1. Indica si las siguientes afirmaciones son verdaderas o falsas.

a. El mercado masivo se caracteriza por agrupar a una población que reúne unas características e intereses iguales y que requieren cubrir unas necesidades muy homogéneas.

- Verdadero
- Falso

b. El mercado de ropa casual es un tipo de mercado masivo.

- Verdadero
- Falso

c. Un nicho de mercado es una porción del mercado masivo que ha sido segmentado previamente.

- Verdadero
- Falso

2. ¿Qué mecanismos publicitarios aseguran que el mensaje se transmita al mayor número de consumidores posible?

a. La televisión.
b. La radio.
c. La publicidad escrita.
d. Todas las opciones son correctas.

3. ¿A qué precios aspiran adquirir los clientes de productos masivos?

a. A precios económicos.
b. A precios caros.
c. Indistintamente a precios económicos y precios caros.
d. A los mismos precios que se manejan en los nichos de mercado.

4. ¿En qué se caracterizan los productos masivos?

    a. Su uso es puntual.
    b. El consumo no es inmediato.
    c. Son de difícil acceso.
    d. Son de precio asequible.

5. ¿Cuál de las siguientes opciones es un inconveniente de tratar comercialmente en el mercado de masas?

    a. Coste de producción mayor.
    b. Competencia con las grandes marcas.
    c. Público demasiado amplio y diverso.
    d. Menos oportunidades de venta.

6. ¿Cuál es el primer paso para desarrollar una idea de producto dirigido a un mercado masivo?

    a. Descubrir los tipos de necesidades.
    b. Descubrir el valor de la necesidad.
    c. Descubrir la solución correcta para vestir la necesidad.
    d. Descubrir los beneficios del producto.

7. ¿Para qué puede servir la pirámide de Maslow?

    a. Para descubrir el valor de la necesidad.
    b. Para descubrir los tipos de necesidades.
    c. Para descubrir la solución correcta para vestir la necesidad.
    d. Todas las opciones son incorrectas.

8. ¿En qué se basa una buena oferta?

    a. En el análisis de la competencia.
    b. En las características del producto.
    c. En un buen precio.
    d. En la experiencia del consumidor.

9. Una venta es cortoplacista cuando...

    a. ... se vende un producto a un precio económico.

    b. ... se vende un producto sin ninguna experiencia añadida para el cliente.

    c. ... se vende un producto basado en el patrón de compra del cliente.

    d. ... se vende un producto mediante asesoramiento.

10. ¿Qué beneficios implica presentar a los clientes ofertas eficaces?

    a. Permite convertir *leads* y prospectos en clientes.

    b. Aumenta el margen de beneficios por el aumento de ventas.

    c. Disminuye el coste de adquisición de materia prima al mejorar las ventas.

    d. Todas las opciones son correctas.

Las cualidades del vendedor

Contenido

Objetivos

El objetivo general de esta Unidad de Aprendizaje es:

→ Entender las competencias personales y profesionales que debe reunir una persona para ser un buen comercial de las ventas, así como su perfeccionamiento.

Los objetivos específicos de esta Unidad de Aprendizaje son:

→ Conocer métodos de aprendizaje para el desarrollo profesional de los vendedores.

→ Entender la importancia de la empatía como competencia profesional relevante en las ventas.

→ Identificar las características del buen vendedor.

→ Conocer el contenido didáctico de una formación base para el desarrollo de profesionales de la venta.

→ Ejercitar técnicas de autoconocimiento, autoanálisis y autogestión con herramientas cognitivas para el desarrollo profesional.

1. Introducción

Las grandes compañías se sirven de interesantes herramientas que ayudan a establecer una comparativa entre diferentes perfiles psicológicos que optan a ocupar puestos asociados a las ventas. Por ello, es posible analizar con detalle qué cualidades son atribuibles a estos profesionales y cómo ha de ser su desarrollo para que ejecuten las tareas que desempeñar con una mayor garantía de éxito.

En esta unidad conocerás habilidades intelectuales y psicológicas, también **cualidades** humanas que suelen tener los buenos vendedores y vendedoras que conquistan cada día los mercados y que forman parte del **recurso humano** cada vez más **imprescindible** en el mundo de los negocios y de las empresas.

Para ello, nos seguiremos centrando en el caso de Jorge y su equipo comercial, que han comenzado una interesante actividad para hacer posible el despegue de la recién estrenada oficina de ventas de seguros.

2. El vendedor como comunicador

👉 **HILO CONDUCTOR**

En la oficina de seguros que lidera Jorge, todos sus componentes ya han tenido sus primeras experiencias de venta. Jorge aprovecha esta situación para mejorar la comunicación en los encuentros con el cliente y ha de hacerlo de una forma práctica. Para ello, se ayudará de una buena herramienta para teatralizar y analizar la negociación comercial. Comienza la primera tanda de *role play*, ¿cómo se desarrollará la escena?

Dentro del gran ramillete de cualidades que debe poseer el buen vendedor, se encuentra una habilidad relevante en la venta que recibe el nombre de **maestría en la comunicación.**

El saber comunicar es una de las competencias más demandadas por las compañías, unida a otras habilidades importantes como son las destrezas intelectuales y las técnicas asociadas al puesto.

NOTA

A diferencia de otras competencias asociadas a la personalidad del individuo, las habilidades comunicativas pueden cultivarse con el esfuerzo y constancia del propio individuo, reforzándose también con el indudable apoyo de la empresa.

Las **destrezas comunicativas** hacen más fáciles las **relaciones comerciales.** Tanto es así que tener facilidad de palabra implica no solo el dominio del léxico, sino una capacidad para abordar la **comunicación verbal y no verbal coherente** que permita saber cómo se han de decir las cosas correctamente según la situación.

El **lenguaje no verbal** implica el dominio de unas técnicas que refuerzan la comunicación hablada. La teoría de Friesen y Ekman promulga la existencia de cinco grupos de gestos asociados a la comunicación humana:

Conjunto de gestos ilustradores
- Con ellos se refuerza y enriquece la argumentación que en ese momento se esté dando. Por tanto, tienen sentido al acompañar un mensaje verbal. Su objetivo principal es dar credibilidad a las palabras. Su uso debe ser bien gestionado para no abusar y ser excesivo, dando la imagen de una comunicación demasiado artificial. Uniendo los dedos de ambas manos (gesto utilizado en los discursos políticos) se dota de confianza y veracidad al mensaje que se transmite.

Conjunto de gestos reguladores
- Con ellos es más fácil la comunicación, ya que favorecen la participación. Sirven para ilustrar de manera más frecuente a lo largo de la comunicación aquello que se quiere notificar con idea de que exista una interactividad entre los diferentes interlocutores en una comunicación ordenada. Por ejemplo, dar paso, levantar la mano, parar, etc.

Conjunto de gestos manifestadores de afecto
- Aunque también están asociados a la gestión de las emociones, en esta ocasión son socializadores. Tratan de transmitir empatía o de ayudar a expresar emociones para que el mensaje sea mejor entendido por los otros. Por ejemplo, mano en el corazón, gestos faciales agradables, etc.

Continúa en página siguiente >>

<< Viene de página anterior

Conjunto de gestos adaptadores
- Con ellos se gestionan las emociones. Suelen estar dirigidos a uno mismo. Se muestra un mayor número de ellos (diversidad) cuando existe tensión en la comunicación. Tratan de disimular cierta tensión aunque también sirven para que uno se concentre mejor en la conversación. Por ejemplo, colocarse bien la corbata, dirigir la mano a la oreja o a la boca, etc.

Conjunto de gestos emblemáticos
- Con ellos no es necesario articular palabra. Por sí solos expresan una respuesta que puede ser de conformidad, entendimiento, etc.
- Como ejemplo, está el típico gesto que indica que todo está OK, donde el dedo pulgar orientado hacia arriba expresa que se comprende el mensaje que el cliente está transmitiendo. También se utiliza este mismo gesto para pedir conformidad al cliente (mediante el gesto se solicita una respuesta afirmativa).

Teniendo en cuenta el escenario de una venta donde se ha de interactuar con el cliente, las técnicas de comunicación no verbal siempre deben estar orientadas a transmitir credibilidad, seguridad y confianza.

Estas **técnicas de comunicación** se ayudan de instrumentos que están al alcance de todos, pero que solo con práctica y disciplina es posible llevarlas a cabo con la naturalidad que un proceso de venta exige.

A continuación, verás algunas herramientas que puedes utilizar:

- **Presencia:** el atuendo deberá siempre acompañar una actitud de profesionalidad y de respeto hacia la profesión y, por supuesto, al cliente.
- **Postura:** la postura acompañará toda la comunicación, por lo que es recomendable transmitir una imagen segura y nada titubeante. Por ejemplo:

  - Manos a la vista y abiertas.
  - Hombros relajados.
  - Barbilla ligeramente levantada.
  - Evita mostrar inseguridad tocándote partes de la cara.
  - Mantén una leve sonrisa.

- **Contacto visual:** es muy importante dominar el contacto visual para no excederse y no invadir al cliente. Hay que mirar pero no más allá de la mitad del tiempo en el que hablas cuando te diriges a él.
- **Tacto:** a la hora de dar la mano, el cliente debe notar firmeza y seguridad. Recuerda que es la primera impresión que su subconsciente analizará.
- **Respuesta a señales:** copiar el lenguaje corporal del cliente puede ser muy interesante. Acompaña al cliente sutilmente, imitando algunas de sus posturas y movimientos. Se creará un halo de empatía entre ambos.

3. Estrategias para crear al vendedor

☞ HILO CONDUCTOR

En esta primera puesta en escena, Jorge ha detectado las carencias de los empleados para manejar el lenguaje no verbal. Aunque queda mucho por aprender, el entusiasmo y la ambición de cada uno de los comerciales son muy grandes. Jorge aprovecha este *feedback* para comentar que, aunque los objetivos del negocio son importantes, es vital aprender a manejar el estrés de este tipo de trabajo y aprender a generar hábitos.

Dentro del repertorio de la comunicación empresarial, existen tres conceptos diferentes con ingredientes comunes a los que están muy familiarizados los profesionales del sector de las ventas. A continuación, los describimos:

- **Cuota de ventas:** es un valor fijo que define la parte del mercado que se aspira conseguir en función de los recursos materiales y humanos de los que dispone una empresa.
  Esta cuota de ventas de la empresa queda dividida en tantas porciones como territorios existan, a la misma vez que cada territorio divide su trozo de porción entre los vendedores que correspondan y que conforman esa red comercial.
- **Objetivo de ventas:** partiendo de los objetivos generales de venta (cifra de ventas estimada) de una empresa, se van definiendo los diferentes objetivos territoriales hasta finalmente llegar a los individuales de cada vendedor, teniendo estos un plazo para su consecución.
- **Previsión de ventas:** se trata de una estimación fija del número de ventas que se ha definido alcanzar dentro de un intervalo de tiempo informado.

A tenor de estos tres términos, solo los objetivos adquieren un carácter fluctuante, mientras la cuota y las previsiones terminan siendo un dato fijo. La definición de los objetivos tiene siempre un sentido intencional por parte del vendedor, aunque siempre han de ser **específicos, medibles, alcanzables** y en **tiempo** (objetivos SMART).

Frente a una estrategia de ventas, donde se pone en marcha la maquinaria para alcanzar unos resultados deseados, los vendedores deben tener la oportunidad de conocer en todo momento las posibles desviaciones y sus razones que los alejan de los objetivos marcados.

Esto servirá para poner en marcha medidas correctivas que, de nuevo, permitan encarrilar el esfuerzo para alcanzar los objetivos en el tiempo marcado.

Por tanto, la preparación del vendedor para abordar estrategias de ventas eficientes implica no solo el dominio de técnicas, métodos y la suficiente visión estratégica del negocio, sino también la necesaria **motivación** para querer alcanzarlos.

Objetivos que cumplir + ambición por conseguirlos

Una vendedora no puede desarrollar un trabajo eficaz ni eficiente mantenido en el tiempo si no tiene un gran conocimiento de sí misma: gestión del estrés, del tiempo, de hábitos, etc.

 **NOTA**

El concepto **eficiente** implica realizar bien lo que uno hace con los mínimos recursos económicos y en el menor tiempo posible de los que se disponga. Ser eficiente no asegura la obtención de resultados, pero sí indica que la actividad está bien hecha.

El término **eficaz** implica llevar a cabo todas las tareas que uno debe realizar. Para ser eficaz hay que tener muy presente los objetivos que se desean alcanzar. Esta visión ayuda al acercamiento de los objetivos.

Como ejemplo para aclarar las diferencias entre los conceptos de eficiencia y eficacia se puede señalar la manera en la que un vendedor aborda el recurso tiempo. Una buena **gestión del tiempo** puede considerarse una **gestión eficaz y eficiente**. Recuerda que solo quienes contemplan el

tiempo como un **recurso limitado** optarán a tener éxito en el difícil campo de las ventas. Por tanto, hay que tener mucho cuidado con los **ladrones de tiempo.**

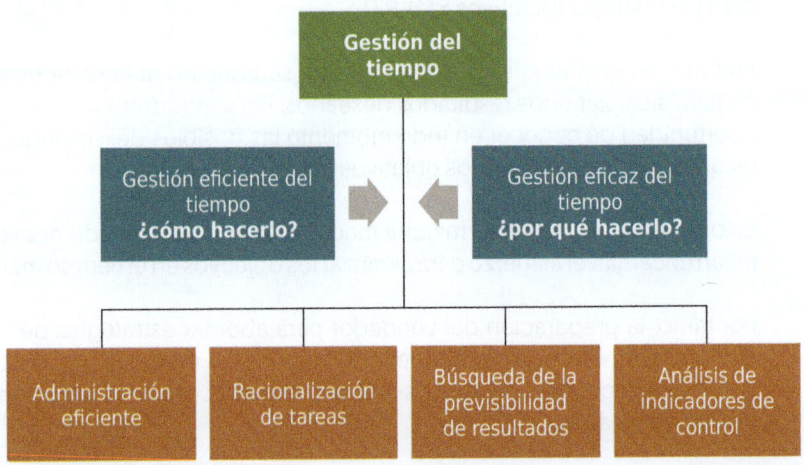

La primera regla que se ha de tener en cuenta para gestionar el tiempo correctamente es ser **consciente** de que lo importante no son las actividades que llevan a unos resultados, sino los resultados que se obtienen con las actividades.

 **DEFINICIÓN**

Ladrones del tiempo

Es una expresión que viene a referirse a una multitud de factores que inciden negativamente en el aprovechamiento del tiempo acordado para realizar tareas: correos electrónicos, llamadas entrantes y salientes, chats, visitas inesperadas e inoportunas, urgencias, reuniones poco productivas, etc.

Para ser un buen vendedor en esta era llena de distracciones caracterizada por la velocidad en la que suceden los acontecimientos y los cambios, es necesario dedicar un tiempo diario a la reflexión para tratar de focalizar en aquellas **actividades rutinarias** pero **productivas** verdaderamente **importantes.**

Para ello, hay sencillas **técnicas** que hay que poner en práctica diariamente hasta convertirlas en un buen hábito. La idea es dejar de estar "abducido", "perdido" o simplemente evitar perder el norte a la hora de organizarte para alcanzar los objetivos de ventas marcados.

Uno de estos métodos es el propuesto por Robin Sharma. Él muestra un proceso por el que se ha de transitar hasta obtener los resultados esperados:

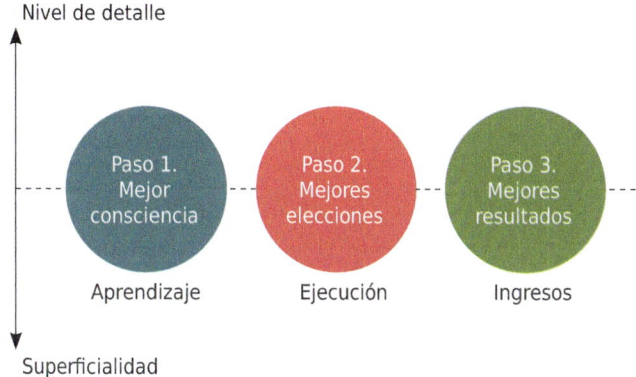

Robin Sharma, reconocido *coach* de liderazgo, defiende el abordaje del trayecto a primerísimas horas de cada mañana hasta interiorizar el papel triunfador desde cuatro perspectivas bien diferenciadas. Este camino lo denomina **ventaja competitiva gigantesca (VCG),** y solo quienes aspiran a ella y trabajan de forma consciente pueden alcanzar la meta propuesta.

¿Quieres conocer las cuatro perspectivas que propone Robin Sharma?

- **Aterrizaje del coeficiente intelectual:** se trata de constatar no tanto la inteligencia intelectiva, sino la capacidad de aplicarla en situaciones reales. Esto significa que lo verdaderamente importante es el uso que se haga de la inteligencia, sea cual sea el coeficiente de inteligencia que se tenga.
- **Eliminación de distracciones:** el objetivo es buscar a primeras horas del día un momento de paz y sosiego para preparar el cerebro hacia la genialidad. Dar el encuentro a un estado emocional de tranquilidad, en el que ciertas ondas cerebrales se posicionan en los niveles alfa. Este proceso genera sustancias en el cerebro muy capacitantes, liberándolo de distracciones y focalizándolo hacia la creatividad y una actividad de máximo rendimiento.

⊃ **Entrenamiento integral:** se trata de ejercitar diariamente las cuatro áreas interiores que posee una persona y cuyo entrenamiento debe ser un hábito diario para que exista un desarrollo personal integral.

   ◊ ÁREA PSICOLÓGICA ⟶ La mente
   ◊ ÁREA AFECTIVA ⟶ El corazón
   ◊ ÁREA FÍSICA ⟶ El cuerpo
   ◊ ÁREA ESPIRITUAL ⟶ El alma

⊃ **Acumulación de días:** se trata de generar una rutina diaria saludable que será vista como "minivictorias". Es una manera que permite y motiva al individuo a ser su propio arquitecto en la construcción de cada día.

 ## DEFINICIÓN

Ventaja competitiva gigantesca
Elemento que caracteriza al individuo, ayudándole a destacar sobre otros, y que lo coloca en una posición aventajada para afrontar una competición.

- -

CONSEJO

No olvides que, en la planificación de tareas o actividades, cada una de ellas puede contemplar varios objetivos (las tareas son los instrumentos que te ayudan a alcanzar esos objetivos). A la hora de agendar tareas, estás agendando sus objetivos, por lo que debes prestar atención a esto a la hora de redactarlas:

Qué necesitas lograr | Qué es lo que ya tienes encargado | Qué otras áreas quieres tocar para abrir nuevas oportunidades, etc.

- -

4. La escucha activa en el vendedor

☞ **HILO CONDUCTOR**

Sin duda, una de las cuestiones que más preocupan a Jorge es saber si será capaz de enseñar a los miembros de su equipo cómo se ha de abordar una conversación comercial manteniendo una escucha activa. La gran mayoría piensa que es mejor no parar de hablar, así no se le da al cliente la oportunidad de hacer preguntas.

Es bien sabido que vender consiste en averiguar cuáles son las necesidades y los deseos de un cliente, para finalmente proponer soluciones que cumplan las expectativas del consumidor. En el proceso de la venta, la comunicación comercial está marcada con el objetivo perseguido.

El proceso de la comercialización de productos y servicios lleva implícita una interrelación de mensajes entre el emisor y el receptor.

Los elementos utilizados en este **diálogo comercial** liderado por el vendedor son los siguientes:

Emisor
- Aunque puede ser cualquiera de las dos figuras (vendedor o cliente), la conversación está liderada o dirigida por el vendedor. Esto no significa que deba protagonizar el mayor tiempo de la conversación.

Mensaje
- En la comunicación comercial hace referencia al argumento que el vendedor transmite para trasladar al cliente las ventajas del producto ofrecido en término de beneficios.

Receptor
- Se asocia a la persona a la que va dirigido el argumento de venta.

Código
- Hace referencia a la manera en la que se comunica el mensaje (estilo de venta aplicado).

Continúa en página siguiente >>

<< Viene de página anterior

> **Canal**
> - Define el medio a través del cual el mensaje se transmite.

4.1. ¿En qué consiste saber escuchar?

Presta atención a las diferencias mostradas a continuación:

➲ Saber escuchar es:

- Dejar que el cliente hable.
- Hace breves intervenciones.
- Intervenir ocasionalmente para demostrar al cliente que se sigue atentamente su conversación.
- Ir tomando notas mientras el cliente habla.
- Evitar sacar conclusiones rápidas y saber escuchar las principales ideas.

➲ Saber escuchar no es:

- Hablar demasiado.
- Mantener la misma línea de conversación cuando el cliente finaliza su exposición (seguir con tu teoría).
- Aparentar estar atentos sin estarlo.
- Interrumpir cuando el cliente habla.
- Pensar qué se va a decir cuando el cliente finalice de hablar.

4.2. ¿Cómo llevar a la práctica una comunicación comercial empática?

Si deseas poner en práctica durante el diálogo comercial una comunicación empática con tu interlocutor, tendrás que aprender a adaptar el mensaje (verbal y no verbal) que devuelves al cliente confirmando que has comprendido lo así expresado por él.

La fórmula descrita permite poner en práctica la **escucha activa,** que no es más que la difícil técnica de elevar la consciencia sobre el otro.

Dicho de otra forma, el **buen vender** requiere de habilidades lejanas a la práctica verbal (hablar y hablar); no se trata de solo oír. Más bien consiste en tener la capacidad de percibir más allá de lo que dicen las palabras pronunciadas por el cliente que tienes enfrente.

Con la escucha activa, el vendedor podrá ser capaz de profundizar en el mensaje que transmite el cliente más allá de las palabras que pronuncia.

IMPORTANTE

El saber escuchar tiene un buen aliado que complementa esta gran virtud. Se trata del **uso del silencio,** un instrumento realmente eficaz que quienes lo dominan y aplican en la venta logran causar un impacto enorme en la conversación con el cliente.

- -

4.3. El poder de las preguntas y la escucha activa en la comunicación comercial

Desde el rol de vendedor, y con idea de aplicar la escucha activa en el proceso de venta, se deberá tener dominio en el **arte de preguntar.** Solo así se podrá llegar con las respuestas obtenidas a lo más profundo del mensaje, y corroborar con el cliente que la interpretación de las palabras es correcta.

Así pues, con esta técnica de comunicación a través de las preguntas, se pone en marcha la maquinaria de escuchar activamente, de forma que el cliente se percibe a sí mismo como importante en el diálogo.

NOTA

El vendedor debe formular preguntas a fin de guiar al cliente a que este exprese, entre un ramillete de necesidades y deseos, aquella información relevante para poder ofrecer la solución más óptima.

La **escucha activa** es en sí una **técnica** que se aprende. Con ella se escucha atentamente lo que el otro tiene que decir, devolviéndole el mensaje (verbal o no verbal) de lo que se cree haber recibido.

Para practicar la escucha activa necesitarás:

- Observar y escuchar atentamente lo que expresa el interlocutor.
- Formular preguntas como: ¿qué dice exactamente el cliente?, ¿qué quiere decirme el cliente?, ¿qué siente realmente el cliente?
- Refrendar utilizando expresiones en esta línea: "Como usted dice, parece que..." "Si le he entendido bien, lo que usted quiere decirme es..." "Creo comprender que...".

CONSEJO

Puedes realizar manifestaciones no verbales, como asentir con la cabeza y mostrar gestos atentos, que invitarán al interlocutor a que prosiga con su exposición porque le estamos comprendiendo.

A continuación tienes a tu disposición una serie de tutoriales que te ayudarán, sin duda, a mejorar la escucha activa.

VÍDEO

Las expertas en comunicación Tatiana Kolovou y Brenda Bailey-Hughes han desarrollado unos tutoriales publicados en la red social *LinkedIn* para explicar,

Continúa en página siguiente >>

<< Viene de página anterior

desde una perspectiva general, cómo es el proceso para mejorar la escucha activa. Sus recomendaciones y propuestas son válidas para ser aplicadas en diversas situaciones, entre ellas, la venta comercial.

¡No pierdas ningún detalle!

Sigue las indicaciones:

Si quieres mejorar tu escucha hacia los demás, no dejes de ver el primer vídeo en el que se te explicarán las cinco importantes áreas de enfoque de la escucha activa. Luego accede al resto de tutoriales en los que podrás evaluar tu habilidad en cada una de las áreas de la escucha activa.

Las cinco áreas de enfoque de la escucha

https://redirectoronline.com/comt052po0401

Recordar detalles

https://redirectoronline.com/comt052po0402

Entender la perspectiva general

https://redirectoronline.com/comt052po0403

Evaluar el contenido

https://redirectoronline.com/comt052po0404

Continúa en página siguiente >>

<< Viene de página anterior

Atender a las señales sutiles	Empatizar con el hablante

https://redirectoronline.com/comt052po0405

https://redirectoronline.com/comt052po0406

Prioriza el mejor tipo de escucha para cada situación

https://redirectoronline.com/comt052po0407

5. El perfil del vendedor: cualidades humanas, psíquicas, intelectuales y psicológicas

 HILO CONDUCTOR

Parece que el reto se ha conseguido, y todos ya han aprendido cuándo han de "enmudecer" para no tener el protagonismo. Pero Jorge sabe que también hay que trabajar otras cualidades como la de saber preguntar. ¿Qué otros atributos son propios de buen comercial?

La profesión de vendedor es un tanto compleja. Requiere de una buena dosis de destrezas comunicativas, entre otras competencias:

IMPORTANTE

Sin embargo, **el éxito del buen vendedor** radica principalmente en unos **atributos de la personalidad** que condicionan inevitablemente su **comportamiento** frente a una diversidad de escenarios que se pueden presentar durante el proceso de compra del cliente.

- -

ACTIVIDAD COMPLEMENTARIA

4. Basándote en las cualidades expresadas en el apartado anterior, indica los motivos por los cuales es muy importante en el ámbito comercial saber formular preguntas en una entrevista de ventas.

- -

A fin de facilitar las cualidades de personalidad que debe tener un buen profesional de las ventas, a continuación se nombra un listado de destrezas propias del vendedor exitoso:

- **Honestidad:** es transparente, jamás miente y se esfuerza por ser y transmitir un mensaje coherente.
- **Seguridad:** asume con normalidad situaciones desafiantes. Es capaz de tratar temáticas arriesgadas con un carácter cautivador.
- **Toleración a la frustración:** encaja muy bien situaciones estresantes y frustrantes, nunca personaliza los fracasos aunque se aprovecha continuamente de ellos para aprender.
- **Adaptabilidad:** habilidad para saber ser flexible ante situaciones diversas y personas diferentes.

- **Autocontrol:** buena gestión de uno mismo para sacar el mejor provecho de todo el potencial, sabiendo gestionar bien no solo la inteligencia intelectual, sino también la emocional.
- **Actitud positiva:** con un optimismo realista, sabe asesorar y comunicar adecuadamente transmitiendo seguridad en sus intervenciones.
- **Persistencia:** trabaja de forma cadente y con buena estima de sí mismo.
- **Sociabilidad:** sabe de la importancia de las relaciones para mejorar su posicionamiento en el mercado. Aprovecha las oportunidades que ofrece cualquier evento social.
- **Humildad:** se aleja de la arrogancia y aprende en cada experiencia de venta.

Psicológicamente el buen vendedor tiene la inteligencia suficiente como para saber gestionar de forma correcta los desacuerdos que pudieran surgir en el encuentro con el cliente; los acepta con total normalidad, es parte de su trabajo. Sin embargo, esa tolerancia no lo convierte en conformista ni que se resigne fácilmente.

 CONSEJO

Es importante que el profesional analice objetivamente si el cliente tiene o no interés real en aquello de lo que habla. En caso de detectar que la muestra de interés no es real, deberá analizar los motivos. Para ello, tendrá que utilizar una comunicación asertiva basada en preguntas con el cliente.

6. Capacidades ante la venta

 HILO CONDUCTOR

Es importante, cuando uno desarrolla habilidades para la venta, no perder la meta ni el horizonte. Jorge insiste a su equipo en que el proceso de venta no finaliza cuando el cliente compra. Por ello, y atendiendo a unas premisas de comportamiento, la formación del vendedor deberá ser constante. Los integrantes de la oficina están muy satisfechos con todo lo que les está enseñando Jorge.

El **vendedor** tiene como principales **objetivos** culminar las **ventas, fidelizar** a los clientes y además **conseguir ser referenciado** por ellos.

Para alcanzar estos propósitos, ha de contar con cualidades conductuales que harán posible que se establezca una buena relación con sus clientes.

Por todo ello, un buen profesional deberá tener los siguientes **comportamientos:**

Buena presencia
- El aspecto físico también habla. Por ello, se ha de saber mostrar un aspecto cuidadoso y de respecto a tu interlocutor.

Puntual y organizado
- Ser puntual a una cita denota profesionalidad. El cliente confirmará que se es organizado con una buena gestión del tiempo y se cumple con los compromisos adquiridos.

Conducta amigable
- Implica el ejercicio del respeto en un lenguaje (verbal y no verbal) correcto y empático. Hay que evitar demostrar exceso de confianza.

Asertivo
- Ser oportuno en las intervenciones, respetando los tiempos y sabiendo expresar opiniones sin herir sensibilidades.

Buen "escuchador"
- Tener capacidad para poner el foco de atención en lo que el otro está diciendo para extraer lo relevante del mensaje (expresado y no expresado).

Con iniciativa emprendedora
- Es proactivo por naturaleza, le gusta investigar para averiguar las nuevas oportunidades de negocio.

En constante renovación
- Desea adquirir nuevos conocimientos para contar con una mejor visión estratégica del negocio más allá del conocimiento del mercado cercano.

NOTA

La generación de confianza durante la venta es imprescindible. Por tanto, sin estas atribuciones difícilmente un comercial o vendedor podrá ejercer de forma correcta su profesión, impidiéndole alcanzar los objetivos de venta.

7. Formación base y perfeccionamiento del vendedor

☞ HILO CONDUCTOR

Aunque será más adelante cuando el equipo comercial conocerá cómo abordar de manera específica las diferentes fases que se dan durante el proceso de la venta, ahora quizá sí es el momento de descubrir una base de perfeccionamiento que ayudará a mejorar conocimientos en la atención al cliente.

La venta orientada al cliente difiere enormemente de la venta tradicional enfocada al producto. Esta diferencia hace que la formación básica del buen vendedor esté orientada a trabajar diferentes aspectos que potenciarán las mejores cualidades del profesional.

 **IMPORTANTE**

La correcta atención al cliente requiere del aprendizaje de técnicas específicas de venta, teniendo siempre en cuenta las peculiaridades del perfil del comprador. Sin embargo, el conocimiento de uno mismo como vendedor y la autodirección harán posible que se llegue a dominar todas las fases del proceso de la venta.

7.1. ¿Qué áreas formativas debe tocar un profesional para desarrollar su carrera con éxito en el sector de las ventas?

El **ciclo de ventas** transcurre desde que el vendedor hace una prospección para captar a esos clientes potenciales en un mercado amplio hasta que finalmente consigue que muchos de estos *leads* se conviertan definitivamente en clientes (cierre de la venta).

Con idea de reducir al máximo los tiempos para ser más eficaz y eficiente (éxito), el vendedor puede desarrollar habilidades que permitirán **agilizar el proceso de la venta.**

Estas **áreas de trabajo y desarrollo** son:

- ➲ Aprender a crear un esquema de ventas bien definido.
- ➲ Aprender a prospectar y buscar *leads.*
- ➲ Aprender a contactar y agendar entrevistas de ventas.
- ➲ Aprender a cerrar la venta y a obtener referencias.
- ➲ Aprender a formular preguntas para conocer al cliente.
- ➲ Aprender a argumentar en la entrevista de ventas.
- ➲ Aprender a cerrar la venta y a obtener referencias.

 IMPORTANTE

El vendedor exitoso juega un papel muy importante dentro de la empresa. Sabe cómo identificar oportunidades de negocio y crea un plan de trabajo que no deja nada a la improvisación.

 **DEFINICIÓN**

Leads

Son aquellos consumidores (prospectos) de los que se ha podido obtener algún tipo de información que permita clasificarlos como potenciales clientes para el negocio.

 APLICACIÓN PRÁCTICA

A Carlos le han propuesto trabajar en el departamento comercial de un concesionario de coches. Cuenta con muy buena presencia y grandes dotes de comunicación, sin embargo nada de experiencia en el sector de las ventas.

Selecciona entre las opciones cuál de estas competencias está asociada a la personalidad y que difícilmente Carlos podrá desarrollar con técnicas de ventas si no cuenta ya con ella.

- **Positividad**
- **Persistencia**
- **Honestidad**
- **Escucha activa**

Solución

Existen técnicas para aprender a adoptar la escucha activa como aliada en el proceso de venta. Entre ellas, aprender a dominar las áreas de enfoque de la escucha, recordar detalles, entender la perspectiva general, aprender a evaluar el contenido de la conversación, atender a las señales sutiles, empatizar con el hablante y priorizar el mejor tipo de escucha para cada situación.

7.2. *SPIN Selling:* la metodología de comunicación comercial que conduce al cierre

El vendedor de éxito adopta una metodología de trabajo formulada por Neil Rackham que le permite optimizar sus ventas. Esta técnica, conocida como

SPIN Selling, resume en cuatro conceptos las conclusiones que el comprador debe ir obteniendo durante la entrevista de ventas. Será el vendedor quien instruya al prospecto haciendo uso de preguntas. Cuando el cliente termina percibiendo que tiene una necesidad es el momento para plantear una firme propuesta que conduzca al cierre.

 **EJEMPLO**

Imagina que trabajas en el departamento comercial de una consultoría de *marketing* y estás comenzando a entablar una conversación con un posible cliente. Formulas preguntas como estas:

Ejemplos de preguntas de situación

- *¿Podría indicarme a qué situación se enfrenta tu negocio?*
- *¿Qué plataformas usa para segmentar a los clientes?*

Transcurre la entrevista y el comercial comienza a formular "preguntas problemas".

Continúa en página siguiente >>

<< Viene de página anterior

Ejemplos de preguntas problema

- *¿Qué le sucede cuando, por sobrecarga de trabajo, usted no puede gestionar el blog corporativo?*
- *¿A qué tipo de problemas se enfrenta con más frecuencia?*

El cliente comenzará a tomar conciencia de los problemas que tiene y que hasta ahora desconocía. Por tanto, llega el momento de formular preguntas de implicación.

Ejemplos de preguntas de implicación

Esta fase tiene como objetivo que el cliente descubra cuál es el impacto negativo por no tener la solución adecuada. El vendedor se vale de preguntas que dan impulso a la decisión de compra:

- *¿Ha pensado cuánto le está afectando a su empresa que usted no tome la decisión de tener un blog corporativo con entradas actualizadas que ayude a que sus prospectos interactúen con su marca?*

Ejemplo de preguntas de necesidad

Finalmente cuando ya el cliente se ve disfrutando de los beneficios de una solución, el vendedor utilizará preguntas que faciliten la contratación del servicio.

- *¿Conoce cómo puede lograrlo?*

El objetivo de este método es descubrir al cliente potencial que tiene un problema que requiere de una solución que está en tus manos y que tú conoces muy bien.

8. Evaluación y control de sí mismo

☞ HILO CONDUCTOR

Finalmente, la jornada formativa en la oficina concluye con una reflexión sobre la importancia del autoconocimiento. Solo conociéndose a uno mismo será posible mejorar aspectos del desempeño para afinar los cierres de venta.

Tras la entrevista de venta que transcurre entre preguntas y respuestas, tal y como expresa la fórmula de Neil Rackham, el profesional tendrá que saber analizar a fin de mejorar aspectos de su desempeño que le alejen o acerquen de sus objetivos de venta.

La calidad de la experiencia del comprador en su proceso de compra dependerá en gran parte de la acción del vendedor, debiéndose evaluar el trabajo desempeñado. Para ello, deberán formularse unos criterios claros y bien definidos para que el consumidor pueda valorar asertivamente cómo ha sido su proceso de compra. Es por tanto complejo medir el nivel de satisfacción obtenido sin tener en cuenta los siguientes aspectos:

- **Conocimiento y dominio de la materia:** se valora no solo el nivel de conocimientos que el vendedor tiene sobre los productos, sino también su claridad de exposición, la información precisa que proporciona y el nivel de asesoramiento técnico y humano.
- **Elementos tangibles:** se evalúa el cuidado del escenario (bien adecentado) donde se produce el proceso de compra.
- **Disposición:** se aprecia la actitud proactiva en la atención y en la resolución de dudas por parte del cliente.
- **Cumplimiento:** se valora el cumplimiento de los compromisos adquiridos por el vendedor y la atención dada en la posventa.
- **Confianza:** se estima el servicio, no solo la capacidad que tiene el vendedor para resolver dudas, sino también la capacidad para resolver problemas de manera eficiente.
- **Empatía:** se aprecia la capacidad del vendedor de empatizar con el cliente a fin de valorar si ha sido capaz de detectar rápidamente las necesidades del mismo y si la entrevista ha sido grata y fluida.

IMPORTANTE

El buen vendedor sabe autocontrolarse. Ha aprendido a gestionar sus emociones (pensamientos, sensaciones y acciones) a fin de orientar sus intervenciones hacia la experiencia de compra deseada.

9. Técnicas de afirmación de personalidad

HILO CONDUCTOR

Aunque la jornada de hoy ha finalizado, todos los participantes han mostrado mucho interés en que Jorge les descubra algunas herramientas de autogestión y autoconocimiento. Está claro que todos están muy motivados para aprender métodos y técnicas que les permitan avanzar en esta bonita profesión que es el mundo de las ventas. ¿Qué interesante propuesta planteará Jorge?

Todo comercial que aprende a autogestionarse alcanza una visión mucho más amplia de lo que quiere llegar a conseguir. También esto permite trabajar rutinas de trabajo para adquirir unos hábitos y rechazar todo pensamiento "inhabilitante". La gestión de la frustración es una competencia clave del vendedor de éxito, pues está fortalecido para afrontar los "noes" que diariamente recibe.

El buen profesional es conocedor del impacto positivo del autocontrol. Le ayudará a abordar los distintos y a veces difíciles escenarios que surgen en las ventas. Pero sobre todo el autoconocimiento ayuda a comprender el papel que uno juega en el entorno, traduciéndose estos pensamientos en la ejecución de acciones de forma metódica.

Por tanto, la afirmación de la personalidad a través del autoconocimiento sirve para generar hábitos de trabajo saludables que permiten optimizar de manera considerable los objetivos de venta.

9.1. ¿Cómo se prepara uno para esto?

Existen métodos muy efectivos para ejercitar el poder del autoconocimiento:

Las prácticas de estas técnicas de mejora de la productividad desde el auto-conocimiento tienen puntos comunes:

- Planificar las actividades asociadas a la responsabilidad del trabajo.
- Mantener una filosofía de vida disciplinada.
- Premiarte solo cuando hayas finalizado el trabajo.
- Dividir la jornada de trabajo en espacios de tiempo (una hora, etc.) para distribuir las tareas en esos espacios temporales.
- Identificar los ladrones de tiempo que hacen que se pierda eficacia.
- Matriz de Eisenhower (distinguir propiedades).
- Prestar atención a lo que se quiere conseguir (focalización) y ejercitar la detención de las típicas excusas para rechazarlas.
- Concentrarse en los resultados (visualización).

9.2. ¿Qué es la matriz de Eisenhower y cómo funciona?

Se trata de una genial fórmula para que todas las actividades de la agenda de un vendedor puedan encajarse dentro de los cuatro cuadrantes de la matriz, a tenor de sus prioridades.

Siguiendo las instrucciones de su descubridor cuando formuló la frase "lo que es importante rara vez es urgente, y lo que es urgente rara vez es importante", nunca deberá coincidir una misma actividad dentro de diferentes cuadrantes.

Matriz de Eisenhower
- La matriz de Eisenhower es una matriz que mejora la gestión del tiempo y ayuda a ser más productivo y rentable.

 **NOTA**

Eisenhower fue uno de los primeros presidentes de los Estados Unidos, que se caracterizó por la importancia que dio a la gestión del tiempo. Él decía que era muy importante focalizar en esas tareas realmente relevantes; para ello era necesario saber diferenciar entre lo importante y lo urgente. Propuso una fórmula basada en una matriz en la que ayudaba a priorizar qué tareas eran importantes y cuáles urgentes. Se trataba de no hacer al mismo tiempo dos tipos diferentes de tareas. Su estrategia era conducir a su equipo a una actitud proactiva y eficiente en la realización de tareas, frente a la reactiva normalmente protagonizada por "la crisis de lo urgente".

A continuación verás un ejemplo de esta increíble **técnica de autogestión:**

- **Hacer:** en este primer cuadrante se incorporarán las tareas catalogadas como importantes/urgentes. Son las primeras en la lista de prioridades, por lo que ha de prestarse la mayor atención para su ejecución.
- **Decidir:** en este otro cuadrante se incorporarán las tareas clasificadas como importantes / no urgentes. Son todas aquellas tareas con un objetivo a largo plazo. No tienen una fecha límite de vencimiento, aunque son realmente importantes para el desarrollo individual.
- **Delegar:** en este tercer cuadrante se presentarán las tareas no importantes / urgentes. Todas ellas podrían ser delegadas a terceros o bien ser programadas para realizarse en otros momentos. Estas actividades deberán realizarse justo después de haber concluido las tareas englobadas en el primer cuadrante.
- **Eliminar:** finalmente, en este último cuadrante estarán las tareas no importantes / no urgentes. Son las menos relevantes, por lo que se les debe prestar poca o nula atención.

Ahora presta atención al siguiente vídeo para después hacer una breve actividad.

 VÍDEO

En un mundo donde las tareas se acumulan constantemente, saber priorizar es clave para la productividad y la toma de decisiones estratégicas. La **Matriz de Eisenhower,** utilizada por líderes y profesionales de alto rendimiento, permite clasificar tareas según su urgencia e importancia, optimizando la gestión del tiempo. En este vídeo, se explica paso a paso cómo aplicar esta matriz en *Excel 365,* proporcionando una herramienta práctica para organizar y ejecutar tareas de manera eficiente.

Continúa en página siguiente >>

<< Viene de página anterior

https://redirectoronline.com/comt052po0409

- -

 TAREA 4

Héctor, vendedor de profesión, está utilizando por primera vez la matriz de Eisenhower para aprender a organizar mejor su jornada laboral. Sin embargo, su inexperiencia en el uso de esta herramienta hace que dude dónde colocar ciertas tareas rutinarias.

Héctor debe prospectar en el mercado frío para tratar de agendar al menos ocho entrevistas de ventas a la semana. La mejor hora para hacer esta tarea es a primera hora de la mañana, pues sus clientes son empresas y es en ese momento cuando mejor le atienden. Este trabajo requiere de una dedicación diaria, por lo que se lamenta del tiempo que pierde al contestar correos de su jefe al iniciar cada mañana.

Basándote en estos datos, ayuda a Héctor a ejercitar técnicas de autogestión con herramientas cognitivas como la matriz de Eisenhower para el desarrollo profesional. Haz el cuadrante de la matriz e incluye en qué lugar se ha de incorporar la lectura y respuesta de correos entrantes.

- -

10. Resumen

Dentro del gran ramillete de cualidades que debe poseer el buen vendedor, se encuentra una habilidad relevante en la venta que recibe el nombre de **maestría en la comunicación.**

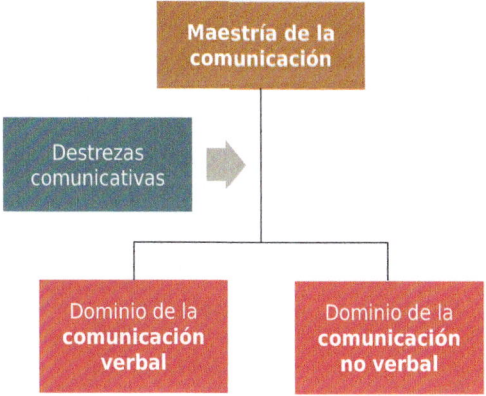

Dominar y practicar los **cinco grupos de gestos** asociados al **lenguaje no verbal** (teoría de Friesen y Ekman) permiten al profesional de las ventas enriquecer la comunicación en una entrevista de ventas.

- Gestos emblemáticos
- Gestos ilustradores
- Gestos reguladores
- Gestos adaptadores
- Gestos manifestadores de afecto

Sin embargo, una buena comunicación con el cliente también implica tener **presencia, adoptar posturas correctas** y mantener un adecuado **contacto visual** con el cliente.

Son numerosas las competencias humanas y profesionales asociadas a un vendedor de éxito. Muchas de ellas permitirán ser desarrolladas a conciencia a lo largo del tiempo. También es importante aprender a marcarse **objetivos SMART,** sin olvidar que el profesional debe aprender a motivarse.

Objetivos que cumplir + ambición por conseguirlos

El primer paso para avanzar en el camino para realizar un trabajo eficaz y eficiente en el sector de las ventas (el **buen vender)** es conocerse a uno mismo aprendiendo a gestionar los tiempos, las rutinas y el estrés.

- Gestión de los tiempos en la realización de tareas.
- Creación de hábitos, rutinas que hacen que uno mejore como profesional.
- Gestión de las situaciones de estrés propias por alcanzar los objetivos propuestos y el control de escenarios diversos.

El profesional que tiene buenos y constantes resultados sabe cómo enfrentarse a la gestión del **tiempo.** Lo contempla como un **recurso limitado,** por lo que ha aprendido a planificarse y organizar muy bien la agenda. También **sabe generar** buenos **hábitos de trabajo,** focalizando en aquellas actividades rutinarias pero productivas verdaderamente importantes. Por último, **domina técnicas** que le llevan a conocerse mejor para ser más **efectivo y eficiente** en su trabajo.

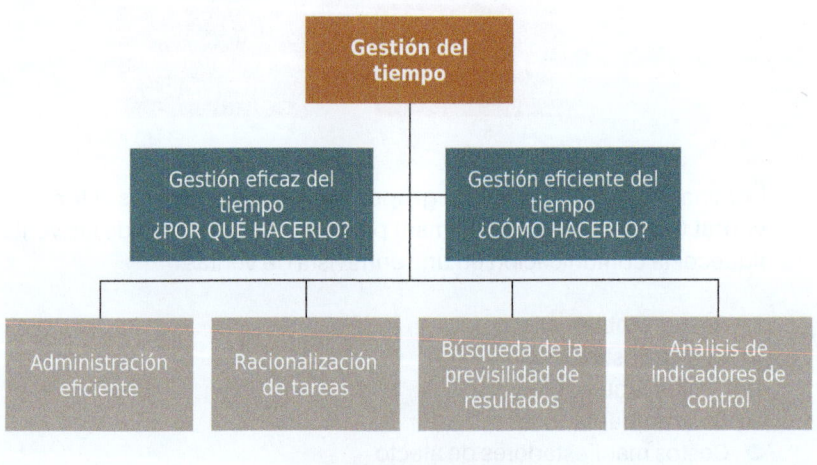

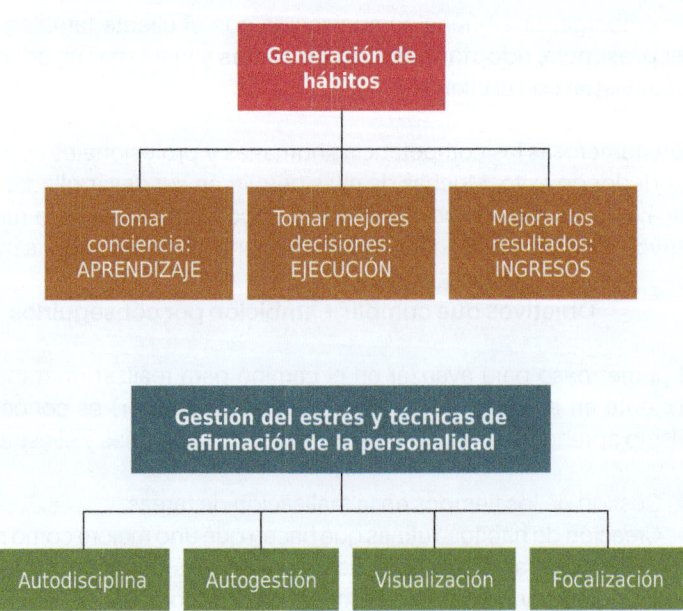

Ejercicios de autoevaluación
Unidad de Aprendizaje 4

1. Indica si las siguientes afirmaciones son verdaderas o falsas.

a. Las grandes compañías se sirven de interesantes herramientas que ayudan a establecer una comparativa entre diferentes perfiles psicológicos que optan a ocupar puestos asociados a las ventas.

- ■ Verdadero
- ■ Falso

b. El saber comunicar es una de las competencias más demandadas por las compañías.

- ■ Verdadero
- ■ Falso

c. Las habilidades comunicativas no pueden cultivarse, ya que forman parte de la personalidad del individuo.

- ■ Verdadero
- ■ Falso

2. ¿Cuál de los siguientes grupos de gestos no forma parte del lenguaje no verbal promulgado por Friesen y Ekman?

a. Emblemáticos
b. Gerenciales
c. Reguladores
d. Adaptadores

3. ¿Qué nombre reciben los gestos que sirven para ilustrar de manera más frecuente a lo largo de la comunicación aquello que se quiere notificar con idea de que exista una comunicación ordenada?

a. Reguladores
b. Adaptadores
c. Manifestadores de afecto
d. Emblemáticos

4. ¿Cuál es la postura más correcta que debe adoptar un vendedor durante la comunicación con el cliente?

  a. Manos a la vista y abiertas.
  b. Barbilla ligeramente levantada.
  c. Hombros relajados.
  d. Todas las opciones son correctas.

5. ¿Cómo debe ser el contacto visual con el cliente en una entrevista de ventas?

  a. Mantener el contacto visual todo el tiempo.
  b. Mantener el contacto visual en un 50 % del tiempo.
  c. No tener contacto visual.
  d. Todas las opciones son incorrectas.

6. ¿Cuál de los siguientes conceptos adquiere un carácter fluctuante?

  a. Cuota y objetivos de venta.
  b. Objetivos de venta.
  c. Previsión de venta.
  d. Objetivos y previsión de venta.

7. ¿Qué caracteriza a los objetivos SMART?

  a. Son específicos, medibles, alcanzables e infinitos en el tiempo.
  b. Son específicos, medibles, alcanzables e imprevisibles en el tiempo.
  c. Son específicos, medibles, alcanzables e ilimitados en el tiempo.
  d. Son específicos, medibles, alcanzables y definidos en el tiempo.

8. Cuando un vendedor lleva a cabo todas sus tareas atendiendo a los objetivos que desea alcanzar, significa que...

  a. ... es eficiente.
  b. ... es eficaz.
  c. ... es eficiente y eficaz.
  d. Todas las opciones son incorrectas.

9. Ser eficiente en la gestión del tiempo implica dar respuesta a la pregunta:

   a. ¿Qué hacer?
   b. ¿Cómo hacerlo?
   c. ¿Por qué hacerlo?
   d. ¿Cuándo hacerlo?

10. ¿Qué nombre recibe el elemento que caracteriza a un vendedor ayudándole a destacar sobre otros y que lo coloca en una posición aventajada para afrontar la competencia de su sector?

   a. Ventaja competitiva gigantesca
   b. Ventaja competitiva desbordante
   c. Ventaja competitiva imperiosa
   d. Ventaja competitiva relevante

La comunicación comercial y el proceso de venta

Contenido

Objetivos

El objetivo general de esta Unidad de Aprendizaje es:

→ Abordar los entresijos que implica el saber usar con eficacia técnicas de negociación como instrumento del vendedor para alcanzar el éxito en el proceso de la venta.

Los objetivos específicos de esta Unidad de Aprendizaje son:

→ Descubrir la comunicación comercial en función de las distintas fases que concurren en una entrevista de venta.

→ Conocer las ventajas de los argumentos comerciales frente a la argumentación técnica de la venta tradicional.

→ Identificar las diferentes fases de una entrevista de venta y el orden en el que han de desarrollarse.

→ Aplicar técnicas para rebatir objeciones.

→ Conocer técnicas de cierre.

1. Introducción

Tal y como Mitch Anthony trató en su conocido libro titulado *Vender con inteligencia emocional,* existen capacidades que este autor denomina **básicas** para que un vendedor pueda crear relaciones estrechas con sus clientes.

En esta última unidad, se tratará entre otras cosas cómo en la venta es primordial saber establecer una inteligente y honda relación con el cliente, a fin de que el vendedor tenga la oportunidad de demostrar a su cliente no solo los conocimientos que posee, sino todo aquello que puede hacer por él.

Desde esta premisa que eleva las **relaciones** como elemento clave para el **saber vender,** aprenderás técnicas de negociación que te ayudarán a mejorar las relaciones con tus clientes y, como consecuencia, mejorar las ventas.

Por todo ello, nos seguiremos apoyando en las experiencias que Jorge está teniendo en esta primera fase de impulso de su nueva y recién estrenada oficina de seguros.

2. El concepto de venta y la comunicación empresarial

👉 HILO CONDUCTOR

Poco a poco Jorge y su equipo van adaptándose a las exigencias de la compañía. Los objetivos son cada vez más exigentes, por lo que requiere una mayor capacitación para que el trabajo sea más eficiente. Debido a la importancia que tienen las relaciones en el mundo de las ventas, Jorge quiere que su equipo aprenda un mismo lenguaje de comunicación con el cliente con independencia del canal que se utilice.

La **comunicación empresarial** incluye diversas formas de establecer relaciones con el cliente. El **objetivo** no es otro que la empresa cultive **relaciones de calidad** con sus clientes, sabiendo **potenciar la filosofía** y **cultura** del negocio, es decir, la **visión,** los **valores** y la **misión** de la empresa.

Las distintas formas de comunicación empresarial son:

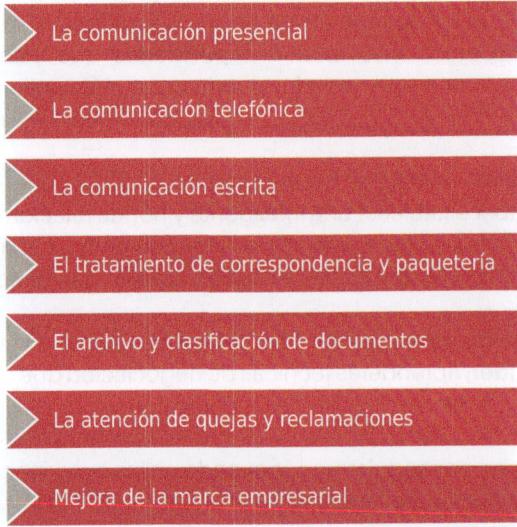

- La comunicación presencial
- La comunicación telefónica
- La comunicación escrita
- El tratamiento de correspondencia y paquetería
- El archivo y clasificación de documentos
- La atención de quejas y reclamaciones
- Mejora de la marca empresarial

Sin embargo, más allá de conocer las formas de comunicación comercial, existen unas **capacidades asociadas al buen profesional** de las ventas que influyen notablemente en el placer que el comprador experimenta durante su proceso de compra.

Por tanto, sin duda la **inteligencia emocional** que debe poseer el vendedor juega un papel fundamental para cautivar la atención y enriquecer la experiencia del comprador, generando un sentimiento en el consumidor que despierta en él cierta dependencia.

La inteligencia emocional es una habilidad que gestiona sentimientos y sirve para conducir las emociones para que ejerzan una influencia positiva en el pensamiento. Ello deriva en una actitud que impulsa al individuo a una acción dirigida, haciendo posible que el vendedor sea más eficaz y eficiente.

 **NOTA**

Se dice que el individuo que tiene inteligencia emocional y la sabe aplicar en el campo de las ventas tiene una elevada conciencia de sí mismo, sabe auto-

Continúa en página siguiente >>

<< Viene de página anterior

rregularse, es empático y tiene una alta capacidad para establecer relaciones sociales de calidad.

"La consciencia es una función muy importante de la mente que nos ayuda a conocer, sentir y aceptar tanto a nosotros mismos como a los demás" (Anthony, 2004).

- -

El concepto **venta** varía notablemente si se analiza con inteligencia emocional. Desafortunadamente carecer de esta habilidad hace que este término tenga para muchos unas connotaciones negativas que implican un cierto "arte de manipular".

Dicho esto, y desde la perspectiva que ofrece quien posee inteligencia emocional, se descubre un concepto más real de la venta como es el **"arte de orientar"**.

La venta es en sí misma un arte que requiere un alto nivel de conciencia y de inteligencia por parte del profesional. Es la respuesta a la exigencia del cliente quien demanda hechos y lógicas para contratar un servicio o adquirir un bien.

Por desgracia, son muchos los profesionales que aún no han descubierto la esencia de la venta y siguen enfocados en técnicas de negociación equivocadas como puede ser la pugna o el regateo con el cliente. Esta circunstancia provoca que, en gran parte de la sociedad, existan reticencias para tratar con vendedores y comerciales.

A día de hoy es responsabilidad de las empresas limar y profesionalizar a sus equipos de venta.

La inteligencia emocional en la venta empieza con el reconocimiento de que uno tiene que cumplir con una serie de requisitos más allá de la transacción de compraventa para que el cliente esté contento. Nuestro nivel de capacidades en el ámbito de las emociones humanas tiene que estar a la altura de nuestra experiencia en el ámbito del comercio. La reticencia que muchos clientes tienen a tratar con gente que vende seguramente se debe a que anteriormente han hecho negocios con personas que, o no entendían bien estos factores emocionales, o entendían su importancia, pero los sobreexploraban.

Anthony, 2004.

Por fortuna, la **inteligencia emocional en ventas** es una **destreza** que se puede adquirir, trabajar y mejorar.

Para ello, deberás abordar cuestiones muy importantes:

- ⊃ **Conciencia de uno mismo:** se trata de trabajar tres tipos de conciencia:

  - ☉ **Conciencia emocional:** sirve para que conozcas mejor tus emociones y sentimientos, también tus reacciones y emociones. Descubres tanto tus aspectos positivos como los negativos, y sabes cómo alimentar esas emociones que te ayudan a activarte.
  - ☉ **Conciencia personal:** sirve para tomar conciencia de tus valores, tu misión y tus metas. Te ayuda a alcanzar los objetivos a los que aspiras sabiendo el punto de partida y en cuál te encuentras.
  - ☉ **Confianza en uno mismo:** sirve para conocer tus puntos débiles y fuertes. Estos últimos, a modo de anclaje, te ayudarán a superar comportamientos limitantes; también para hablarte a ti mismo en un lenguaje amigable.

- ⊃ **Autorregulación:** se trata de trabajar la gestión de las emociones, principalmente en aquellas situaciones extremas, en las que un vendedor vive fuertes sensaciones al tener que cumplir objetivos de venta. Gracias a la autorregulación, es posible dosificar la energía para abordar las tareas de cada día con positivismo, teniendo en cuenta las metas:

  - ☉ Control de impulsos
  - ☉ Visión estratégica
  - ☉ Iniciativa y proactividad
  - ☉ Transparencia
  - ☉ Adaptabilidad y optimismo

- ⊃ **Sociabilidad:** se trata de desarrollar aquella capacidad para sociabilizar. Recuerda que la venta sin relaciones no es posible, por lo que se ha de aprender a aplicar la escucha activa y aumentar la dosis de empatía.

⊃ **Empatía:** no solo se trata de aprender a ponerte en el lugar del otro, sino de aprender a poner en práctica la empatía para:

- ◔ Resolver conflictos
- ◔ Ser persuasivo
- ◔ Inspirar
- ◔ Estar abierto a cambios, etc.

IMPORTANTE

Mitch Anthony recuerda que, al igual que un vendedor debe trabajar su propia inteligencia emocional como base de crecimiento profesional, el cliente durante la entrevista de venta pondrá a prueba la inteligencia del vendedor exigiéndole tres niveles de respuestas:

¿Realmente me conoce?

¿Realmente conoce lo que vende?

¿Realmente sabe cómo acercarse a mí?

3. La identificación de las necesidades del cliente

HILO CONDUCTOR

Gran parte del éxito que Jorge siempre tuvo en las ventas es su sensibilidad y su gran inteligencia emocional. Conectar con las emociones del cliente, ponerse en su lugar y emanar positividad hacen posible que las relaciones se inicien con propiedad.

Para que puedas activar y desarrollar tu propia inteligencia emocional y te sirva esta como importante herramienta de ventas, trata de poner en práctica estas sencillas advertencias:

Conecta con tus emociones
- Imagina que se acerca el cierre del mes y te queda una sola venta para alcanzar tus objetivos. Decides gastar el último cartucho, pero el cliente finalmente pospone su decisión de compra. Ante esta situación, **¿qué emociones y sentimientos se despiertan en ti?**
- Ahora imagínate en la misma situación pero con la diferencia de que consigues cerrar la venta. **¿Qué otras emociones se han despertado?**
- Reflexiona sobre ello, redacta aquello que puedes llegar a sentir y elabora una lista de emociones para saber identificarlas. Esto te ayudará a entender cuáles son tus **comportamientos** tras vivir emociones contrastadas. A partir de ahí comenzarás a tomar conciencia para ser capaz de gestionar aquellas emociones y cambiar comportamientos y sentimientos.
- **No olvides que sin conciencia no es posible el cambio ni el desarrollo.**

Ponte en el lugar de tu cliente
- Para aprender a ser más empático prueba a imaginar que el problema que te plantea tu cliente es realmente el tuyo. Desde esta perspectiva serás capaz de encontrar la necesidad que cubrir y la mejor opción para dar respuesta a ese problema.

Aprende a tener positividad
- Ser positivo no significa que no se pueda reconocer la dureza del trabajo que implica la venta. En todo caso, implica aprender a no tomar las negativas de los clientes como algo personal. Por ejemplo:
- Un vendedor de seguros debe diariamente hacer las siguientes labores:
  - **Prospectar:** búsqueda de nuevos posibles clientes.
  - **Concertar:** posteriormente, y tras contar con un número de prospectos, debe realizar la labor de concertar por teléfono para solicitar una entrevista de venta.
  - **Entrevista de venta:** de las citas agendadas, alguna se caerá, y otras las podrás realizar pero con resultado negativo hasta obtener un cierre.

NOTA

La personalidad arrojadiza del buen vendedor transmite positividad a través de sus palabras, pero también por medio de su cuerpo, mente y filosofía de vida.

 **CONSEJO**

No olvides que los clientes tienen un muy buen olfato, y saben detectar mediante su inteligencia intuitiva el interés propio del vendedor.

Pero...

¿Sabes con cuántos prospectos has de comenzar el día para obtener el cierre de una venta?

Aunque no todos los vendedores realizan **trabajos de prospección,** la mayoría de los comerciales son **vendedores proactivos** que buscan oportunidades fuera en los mercados. Prospectar sirve para obtener mejores resultados sin esperar a que las oportunidades de venta se presenten solas (cuando el cliente toma la iniciativa de acercarse a una tienda). Por ello, es importante conocer esta labor de prospección y cómo se ha de proceder para conseguir una venta.

 **NOTA**

Con la prospección, se tantean las posibilidades de atraer nuevos clientes y se abren nuevas e interesantes oportunidades para conseguir nuevos cierres.

Cada vendedor debe conocer su propia **cadena de cierres,** ya que con ello sabrá el esfuerzo que tendrá que realizar para llegar a formalizar una venta. El objetivo es dosificar adecuadamente la energía y no desvanecer en la prospección, concertación, número de entrevistas que realizar y las negativas de los clientes ante el cierre. Conociendo esta cadena, que es personal (cada vendedor tiene la suya propia), es fácil ser positivo ante la adversidad. Los **noes** son recibidos como normales y necesarios, son vistos como los pasos que te acercan al **sí** deseado.

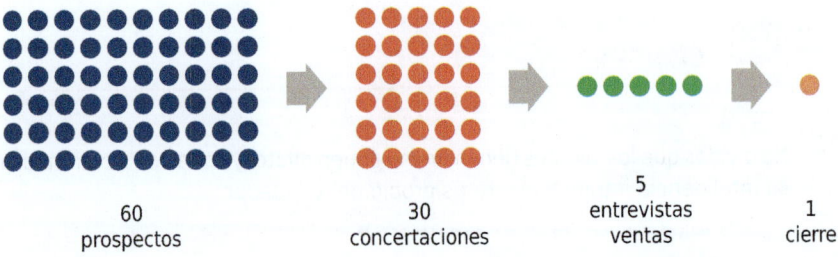

| 60 | 30 | 5 | 1 |
| prospectos | concertaciones | entrevistas ventas | cierre |

¿Conoces cuál es tu cadena de ventas? ¿Cuántos noes recibes antes de llegar al sí?

 CONSEJO

Apunta en una tabla y analiza durante un tiempo los resultados que vas obteniendo en función del número de prospectos diarios, concertaciones y entrevistas de ventas.

4. Las cualidades del vendedor

👉 **HILO CONDUCTOR**

Sin duda, los hábitos diarios construyen al buen vendedor. Por este motivo, y por todo lo demás, Jorge explica a su equipo qué actividades y acciones nunca deben faltar para llegar a ser un profesional de las ventas de éxito cuyo trabajo sea de calidad. Sin embargo, hay una cuestión que se ha de tratar. Muchos de los comerciales desconocen virtudes que ellos poseen y que los distinguirían de los vendedores normales. ¿Cómo descubrirá Jorge esas cualidades?

Retomando la sabiduría de Mitch Anthony, él explica en su libro que existen muchos vendedores muy capaces pero que, a menudo, se les olvida aplicar una serie de reglas básicas.

Presta atención a todas ellas:

Practica a diario
- A tenor de los distintos grados de desconfianza que poseen los consumidores hacia los vendedores y hacia los propios procedimientos de venta, es necesario que te pongas a prueba para detectar muestras de estas reticencias con idea de aprender diversas formas de resolverlas.

Aprende a comprender a la gente
- Cada persona tiene diferentes expectativas cuando valora adquirir un producto. Realmente lo que debes entender es que el cliente lo que espera es que tú seas capaz de comprenderlo y, además, le dediques el trato que ellos esperan. Si tienes la capacidad de identificar esta información, probablemente el cliente no buscará otras alternativas de compra.

No pienses que el cliente compra por ser tú quien vende
- Pensar que el cliente te compra por ser tú quien le vendes es una gran equivocación. Realmente el cliente inicia una relación contigo con el afán de poder dar vuelo a sus antojos, deseos o anhelos. Aprende, por tanto, a detectar esta información para buscar la mejor solución.

 CONSEJO

No olvides que durante el proceso de venta debes tener gran conciencia de lo que sucede. No basta con saber expresar tus conocimientos; es necesario establecer vínculos y relaciones con los clientes para aumentar el grado de tu poder de persuasión.

Conociendo ya unas reglas básicas que deberás aplicar a diario si quieres tener éxito en las ventas, debes saber que existen además otros rasgos que identifican el perfil del buen vendedor. ¿Cuántos de estos rasgos reúnes?

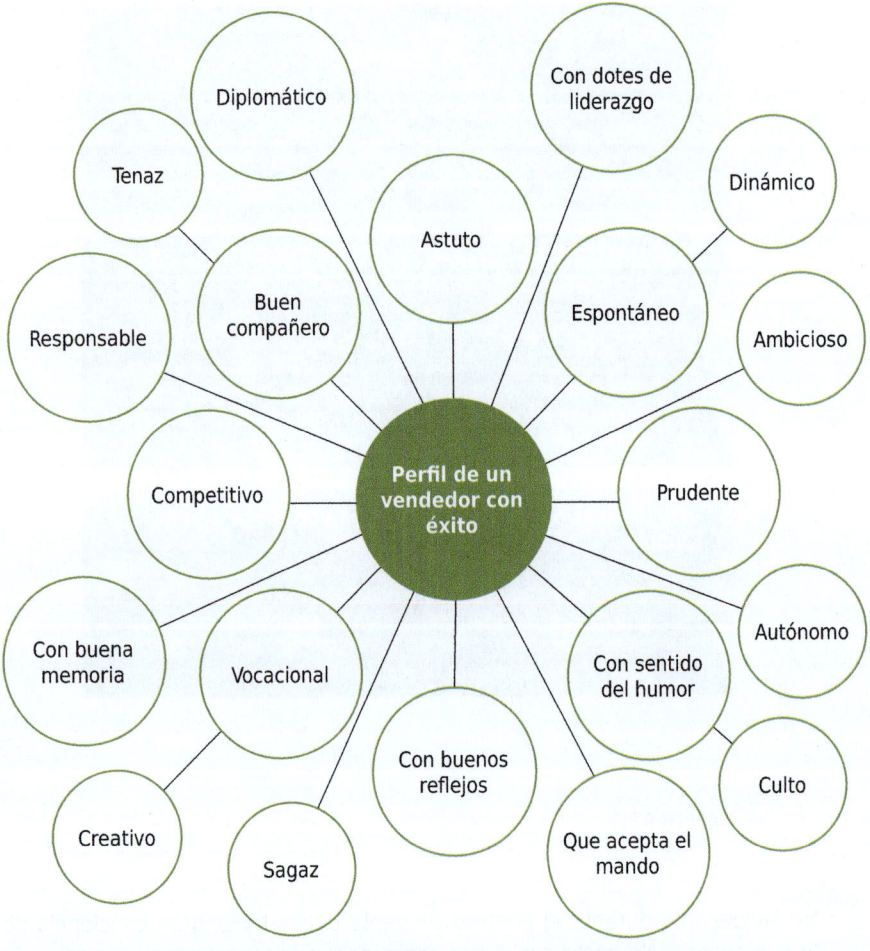

Si ya conquistas ventas pero quieres pasar de bueno a excelente vendedor, trabaja el eje central del éxito de ventas que recibe el nombre de **masa crítica**.

Descubre qué atributos puedes encontrar en el punto más profundo de tu ser para fomentarlos y alcanzar la excelencia en tu trabajo:

- ➲ Experiencia en el sector.
- ➲ Energía, ética laboral.
- ➲ Inteligencia y capacidad de razonamiento y planificación.
- ➲ Apariencia, dotes sociales, personalidad.

IMPORTANTE

La masa crítica destaca los rasgos naturales asociados a los excelentes vendedores que consiguen ser buenos en su profesión pero que, al no trabajar esos atributos ocultos, no consiguen tener resultados excelentes.

Dentro de la masa crítica encontrarás los siguientes elementos:

Impulso competitivo
- Gestiona bien la presión.
- Le gusta competir con los demás, con las circunstancias y con él mismo.
- Está seguro de sí mismo.
- Se recupera fácilmente.

Mentalidad para la consecución de los objetivos
- Orientado al logro.
- Ambición por ganar más dinero.
- Ambición para alcanzar las metas.
- Asume responsabilidades.
- Sabe expresar disculpas.
- Conoce que le exige su empresa.

Capacidad de aprendizaje
- Le gusta aprender y desea aprender.
- Le gusta siempre mejorar.
- Enseña lo aprendido a los demás.
- Aprende de sus errores.
- Posee conocimientos para abordar las situaciones.

Ingenio
- Tiene humor y lo utiliza para su autorregulación.
- Es espontáneo.
- Sabe regular la tensión, incluso tiene la capacidad de disiparla.
- Ante conflictos, responde de manera constructiva.
- No le inquieta trabajar con personas complejas.

5. Fases en el proceso de venta

👉 HILO CONDUCTOR

Ahora que cada miembro conoce de qué cualidad dispone y que aún no ha sabido explotar, el siguiente proceso para mejorar como profesional es aprender cómo ha de transcurrir paso a paso una correcta entrevista de venta.

- -

Habiendo ya descubierto tus atributos de personalidad en el área denominada **masa crítica,** ahora conocerás cómo has de abordar una buena entrevista de venta.

La entrevista de venta trascurrirá por varias fases o etapas:

 **RECUERDA**

Fase de inicio: con esta tercera fase (si tenemos en cuenta que previamente están las fases de prospección de nuevos clientes y concertación de cita) se inicia la llamada entrevista de ventas. Durante el encuentro con el cliente se establecerá una comunicación bidireccional que estará dividida en varias etapas (conocimiento, argumentación, objeciones, cierre y fidelización). Es muy importante no quemar ninguna de las fases de la entrevista.

Fase de conocimiento: en la fase de conocimiento, se utilizará un importante recurso de la comunicación, las preguntas abiertas. Gracias a ellas, el vendedor conocerá los intereses y las necesidades del cliente a la misma vez que deberá culminar esta fase detectando cuál es el motivo de compra del mismo.

Fase de argumentación: una vez conocido el patrón de compra del cliente, es el momento en el que el profesional entrará a argumentar en términos de beneficios la solución más óptima para el cliente.

Fase de objeciones: no existe buena entrevista de ventas si no han aparecido objeciones durante la fase de argumentación por parte del cliente. Sin embargo, rebatir las objeciones deberá dejarse para esta fase. Es en este instante cuando el vendedor tendrá que saber diferenciar entre lo que son objeciones y condiciones.

Fase de cierre: se trata del momento en el que el cliente contrata el servicio o compra el producto. Si la entrevista de venta ha estado bien encauzada, esta etapa será la más rápida.

Es muy importante no sobrepasar en más de una hora la duración de una entrevista de venta. Pasado ese tiempo se va haciendo más difícil que el vendedor obtenga el cierre.

Trata de establecer la siguiente distribución de tiempo:

- Fase de inicio: cinco minutos.
- Fase de conocimiento: treinta minutos.
- Fase de argumentación y objeciones: quince minutos.
- Fase de cierre: diez minutos.

5.1. Fase de inicio

Se trata de la fase en la que los objetivos serán:

◗ Causar un buen impacto comercial a fin de captar la atención del cliente.
◗ Generar el clima adecuado para lo que acontecerá a lo largo de las siguientes fases de la entrevista.

¿Qué has de tener en cuenta? A fin de que tu presencia no pase inadvertida para un cliente saturado de ofertas, productos y servicios, tendrás que hacer un gran esfuerzo con idea de que el cliente no te perciba como un vendedor más.

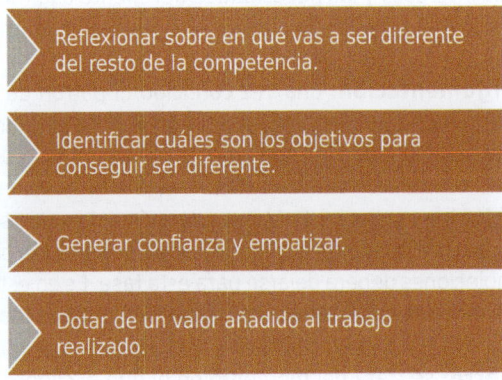

Reflexionar sobre en qué vas a ser diferente del resto de la competencia.

Identificar cuáles son los objetivos para conseguir ser diferente.

Generar confianza y empatizar.

Dotar de un valor añadido al trabajo realizado.

¿Cómo dar inicio a una entrevista de ventas?

En primer lugar se han de cuidar en estos primeros momentos de interacción con el cliente una serie de aspectos. Principalmente tu función será la de fomentar un clima adecuado que invite al cliente a progresar en una conversación quedando "enganchado".

 **CONSEJO**

Metafóricamente hablando, piensa que estás en una partida de ajedrez. Tus primeras decisiones tendrán como consecuencia unos movimientos de peones que condicionarán la partida.

Para conseguir el clima adecuado deberás tener en cuenta las siguientes advertencias:

- Frente al cliente sé objetivo.
- Elige el lugar correcto y más favorable para la entrevista.
- Trata de captar la atención del cliente en los primeros segundos.
- Evita cualquier actitud de servilismo.
- No alabes en exceso a la empresa que representas y a los productos que comercializas.
- Presta atención y cuidado de hacer uso de frases hechas.

Ahora verás cómo iniciar una entrevista a través del **saludo y la presentación**:

¿Quién soy yo?
- En el saludo inicial bastará una presentación personal y de la compañía a la que representas. Es importante que el cliente no tenga ningún tipo de dudas para así evitar confusiones que pueden surgir más tarde.

¿Por qué estoy aquí?
- Luego, deberás explicar el motivo de tu visita. La explicación será muy breve. Aquí tienes un ejemplo:
  - "El motivo por el que he contactado con usted es porque se trata de un cliente potencial para nuestra compañía. Me gustaría poder ofrecerle un servicio a su medida. Para ello, es importante saber cuáles son sus necesidades y objetivos, de esta manera podré guiarle para que pueda disfrutar de una solución hecha a medida".
- No olvides que, previamente a esta fase, ha existido por tu parte un trabajo de prospección y concertación de cita.

5.2. Fase de conocimiento

En esta segunda fase de la entrevista de venta, el objetivo será revisar toda la información posible proporcionada por el cliente. Se trata de identificar las necesidades y móviles de compra para así ajustar la estrategia de venta.

¿Qué has de tener en cuenta? Trata de convertir la información cuantitativa proporcionada por el cliente en una información cualitativa para poder configurar su perfil. Para ello, céntrate en las necesidades reales y en los objetivos de cara a poder alinearlos con alguna de las soluciones comerciales disponibles:

⮎ **Organiza una entrevista de venta estructurada:** para construir un vínculo con el cliente y poder ofrecerle la mejor solución, es necesario utilizar un método a modo de guion estructurado. Servirá para no olvidar esos aspectos clave para poder diseñar la oferta a medida:

 ◔ Identificar necesidades
 ◔ Identificar recursos
 ◔ Identificar objetivos
 ◔ Identificar motivos de compra

⮎ **Muestra toda la atención:** es probable que debas saber leer entrelíneas. Muchos clientes no expresan abiertamente cuáles son sus necesidades, problemas, objetivos y recursos. Por ello, has de mostrar y prestar mucha atención.

La fase de conocimiento es quizá la más importante porque en ella detectarás las necesidades reales del cliente, el motivo de compra y los objetivos. También tendrás que detectar cuáles son los recursos que dispone el cliente para adquirir la solución que ofrecerás en la siguiente fase. De alguna manera, con ello conseguirás anticiparte a las posibles objeciones y confirmar así que las excusas que el cliente pone no son condiciones insalvables para contratarte.

Una manera sencilla es formular una pregunta tal y como se ve en este ejemplo:

Si realmente la solución que yo le proponga fuera capaz de resolverle este problema, ¿usted compraría?

A continuación verás un sencillo ejemplo que te aclarará los tres aspectos clave del cliente que has de obtener transformando la información que te proporciona:

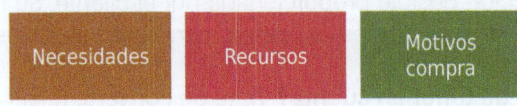

◇ EJEMPLO

El traje a medida se diseñará con cierto equilibrio en función de la información proporcionada por el cliente.

Imagina un cliente que está mirando coches. Si analizas las necesidades de este cliente, puede ser que pase por tres escenarios emocionales diferentes:

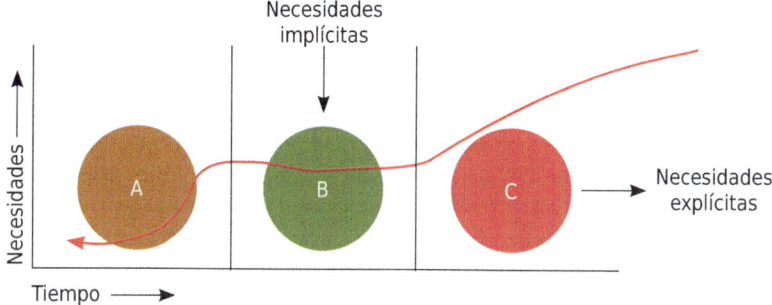

Escenario A: la necesidad no existe o la desconoce.

Escenario B: el cliente muestra dudas de cuándo adquirir lo que necesita, tampoco conoce cómo, ya que no tiene una necesidad imperiosa. En este momento el tipo de necesidad es implícita. Es el momento oportuno en el que debe aparecer el comercial.

Escenario C: la necesidad implícita se convierte en explícita. El cliente ya ha descubierto con tu ayuda qué es lo que quiere, cómo lo quiere y cuándo lo quiere.

¿Por qué en el escenario A la necesidad es cero?

Las personas que tienen coche suelen estar contentos con él en los primeros cinco años. La necesidad, por tanto, en este periodo de tiempo es cero.

En el escenario B, el cliente ya tiene la iniciativa de acercarse a un concesionario o mirar catálogos. En este momento el cliente tendrá picos de menor o mayor intensidad de decisión. Estos altibajos deben ser aprovechados para guiar al cliente a que pase al tercer escenario donde la necesidad se hace patente.

Un buen vendedor deberá ser capaz de conducir al cliente de las necesidades implícitas a las necesidades explícitas. Esto significa que es el escenario B el momento más oportuno para que entre el vendedor

Continúa en página siguiente >>

<< Viene de página anterior

en escena, no siendo el escenario C el más apropiado para hacer que compre.

Para conseguir este propósito el vendedor se ha de valer de diferentes tipos de preguntas:

Preguntas de situación: situación presente del cliente.

Preguntas de problema: insatisfacciones, problemas del cliente o carencias: "¿En alguna ocasión usted se ha visto en la situación en la que...?".

Preguntas de consecuencia: "¿Qué pasaría si...?".

Guiar al cliente desde el escenario B permitirá afianzar la confianza y las relaciones. Es un buen momento para descubrir las necesidades, los recursos de que dispone, el objetivo que cubrir y conocer las objeciones que nos pueda plantear para tratar de darle respuesta en otra fase.

A medida que el cliente vaya respondiendo a tus preguntas que servirán de guía, tú irás diseñando en tu mente un **traje a medida** como solución. No olvides nunca que, poco a poco, tendrás que ir creando un vínculo para fortalecer la relación con el cliente y qué mejor forma que hacerlo sentir con una propuesta y atención personalizada, sin olvidar las expectativas u objetivos que pueda tener el cliente.

 **CONSEJO**

Trata de prestar atención a los mensajes que emite el cliente, tanto los verbales como los no verbales. No te centres en qué pregunta siguiente vas a formular, y no olvides que nunca en esta fase has de argumentar.

5.3. Motivaciones de compra

¿Cómo identificar bajo qué patrón de compra adquiere productos y servicios un cliente?

Volviendo al ejemplo anterior, es posible identificar el motivo de compra formulando preguntas como esta:

En el caso de que pudieras cambiar de coche, ¿qué tipo de coche te comprarías?

Con la respuesta del cliente identificaremos el motivo de elección entre las siguientes alternativas:

- **Seguridad:** la decisión de compra se basa en la confianza que genere la marca.
- **Afecto:** la decisión de compra se basa en la persona de confianza que vende el producto.
- **Bienestar:** la decisión de compra está basada en el ahorro de tiempo, en la forma cómoda en la que se puede adquirir el producto.
- **Orgullo:** la decisión de compra está basada en aquello que puede distinguir al cliente de los demás.
- **Novedad:** la decisión de compra está basada en la necesidad de experimentar ser de los primeros en adquirir un producto nuevo que sale al mercado.
- **Economía:** la decisión de compra está basada en el ahorro económico que puede suponerle al cliente adquirir ese producto con respecto a otro.

 IMPORTANTE

En la fase de conocimiento, las preguntas que se han de formular deberán ser preguntas abiertas que inviten al cliente a pensar y a pronunciarse. Deberán comenzar con adverbios:

¿Qué...? ¿Cómo es que...? ¿Cuál...? ¿Dónde...? ¿Cuánto...?

De esta manera, las respuestas no se limitarán a un sí o a un no, que te proporcionarán poca información. Estas últimas comienzan con un verbo:

¿Estamos de acuerdo con que...? ¿Le parece que...? ¿Le gusta...?

ACTIVIDAD COMPLEMENTARIA

5. Basándote en los diferentes motivos de compra expresados en el apartado anterior, indica anuncios publicitarios, marcas o productos en los que se observe que van dirigidos a un público con, al menos, dos diferentes motivos de compra.

5.4. Fase de argumentación

En la fase de argumentación el vendedor presentará la solución comercial más óptima en función de la información que ha ido recopilando en la fase anterior. Consiste en mostrar las ventajas del producto en términos de beneficios (en función de las necesidades detectadas en la fase anterior).

¿Qué has de tener en cuenta? Debes presentar la solución exponiendo los beneficios reales, mostrando de manera personalizada las ventajas con persuasión y no tratando de convencer.

CONSEJO

Aunque convencer para un vendedor resulta ser más sencillo y rápido que utilizar la habilidad de persuasión, esta última es mucho más efectiva, ya que en sí misma es un arte que influye en la conducta del comprador con un razonamiento certero.

La **argumentación comercial** es emotiva, mientras que la **argumentación técnica** es más racional.

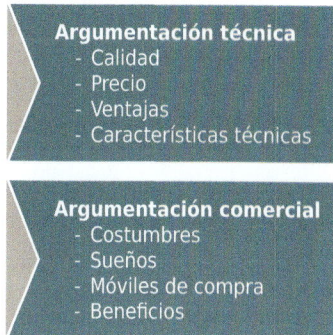

 **NOTA**

Diversos estudios indican que el proceso de negociación tiene un 90 % de carga emocional y un 10 % de carga racional.

Con la **argumentación técnica** podrás demostrar la realidad de una ventaja, pero siempre mediante un argumento comercial. De esta manera aprenderás a convertir la ventaja de un producto en un beneficio para el cliente, sin necesidad de especificar o centrarte en las características técnicas del producto para defender la propuesta.

- ⮞ **Argumento comercial:** exponer la ventaja que da satisfacción al motivo de compra.
- ⮞ **Adaptado al cliente:** argumento adaptador al cliente en relación a sus necesidades y motivos de compra.
- ⮞ **Traje a medida:** solución personalizada, que difícilmente la encontrarás en la competencia.

IMPORTANTE

Es muy importante no ofrecer un argumento técnico sin haber proporcionado antes un argumento comercial.

Por ejemplo, observa cómo podría ser una argumentación comercial en la venta de un seguro de vida:

Usted y su familia tendrán mayor tranquilidad gracias a esta solución, ya que le cubrirá tanto el fallecimiento como la invalidez.

Con posterioridad, la argumentación comercial se podrá complementar con las características técnicas del producto.

APLICACIÓN PRÁCTICA

Verónica va a comenzar la fase de argumentación, después de haber dedicado un tiempo a conocer las necesidades del cliente, el motivo de compra, sus recursos, objetivos y algunos datos más que le ha proporcionado. Llega la hora de presentar una propuesta. ¿Podrías indicarle a Verónica cuál sería el esquema argumental para presentar el producto?

Solución

Aunque un producto puede tener como punto fuerte características técnicas que derivan en ventajas con respecto a otros productos de la competencia, estos dos elementos no son para el cliente determinantes. Sin embargo, lo que va a permitir que la negociación se mantenga es destacar los beneficios para el cliente y la utilidad real del producto. Por este motivo se utiliza la argumentación comercial antes de ofrecer una argumentación más técnica.

5.5. Fase de objeciones

No existe una buena entrevista de venta si observas que el cliente asiente todo el rato al escuchar tu relato o argumentación comercial sin presentar ninguna **objeción** a tu propuesta. Cualquier objeción es siempre salvable, a diferencia de una condición. Las objeciones deben ser vistas como muestras de interés por parte del cliente. Son pruebas que el cliente pone al vendedor, debiendo este salvarlas adecuadamente para obtener el cierre.

La objeción debe entenderse como una oportunidad de venta, ya que viene a indicar que el cierre está cerca.

DEFINICIÓN

Objeción
Es considerada como una oposición momentánea que presenta el cliente y que hace frente al argumento comercial del vendedor.

Las objeciones se presentan en la fase de argumentación, y vienen expresadas en forma de dudas y de preguntas por parte del cliente. Un vendedor de éxito no solo las gestiona adecuadamente sin tropezarse, sino que las ve como un elemento positivo y natural de todo proceso de negociación.

IMPORTANTE

Muchos vendedores tienen, sin embargo, cierta aprensión por las objeciones cuando estas se presentan. Se toman las objeciones como obstáculos que hacen que la decisión de compra se posponga. Por tanto, las objeciones equivocadamente son evitadas, debido a cierto rechazo a abordarlas como una oportunidad de venta.

¿Qué has de tener en cuenta? Ante las objeciones, nunca has de tratar de imponer tu criterio o pronunciarte de forma negativa sobre ellas. Sin embargo, debes saber que, en la gran mayoría de las ocasiones, muchas objeciones serían evitables si el vendedor hubiera identificado correctamente en la fase de conocimiento las necesidades, recursos disponibles, motivos de compra, objetivos y expectativas del cliente.

También es cierto que las objeciones pueden surgir por el simple hecho de resistencia a cambiar por parte del cliente, una circunstancia esta lógica y natural. **¿Qué hacer entonces?**

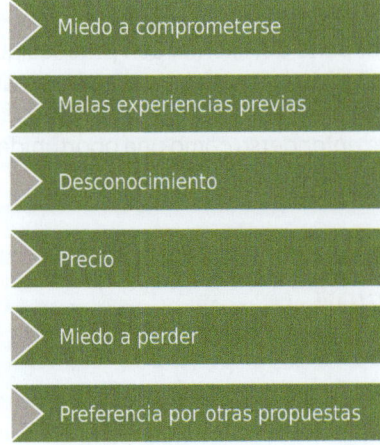

Miedo a comprometerse

Malas experiencias previas

Desconocimiento

Precio

Miedo a perder

Preferencia por otras propuestas

Para dar tratamiento adecuado a las objeciones, deberás tener en cuenta unas ideas clave:

⊃ Anticiparse a las objeciones naturales y tener bien preparadas sus argumentaciones para dar respuesta a todas ellas.
⊃ En caso de que las objeciones derriban los argumentos comerciales, es importante aplazar las respuestas para más adelante (encontrar el momento oportuno de la entrevista para abordarlas).
⊃ Reflexionar sobre las pruebas que el cliente está poniendo, sabiendo que no está pidiendo más que un mejor argumento para que le "convenzas" (recuerda que en la negociación no vale convencer, sino persuadir).

A continuación, vas a conocer las objeciones más frecuentes:

Comparaciones
- Se acompañan de expresiones como: "peor que", "mejor que", "más que", "menos que".
- En la tienda X, están ofreciendo unas condiciones de financiación **mejor que** la que usted me propone.

Generalidades
- Se acompañan de expresiones como: "todos ofrecen lo mismo", "todos son iguales".
- **Todas** estas prestaciones **son iguales** en todos los sitios.

Absolutos
- Se acompañan de expresiones como: "nunca", "siempre".
- Al final **nunca** se cumplen los compromisos.

Cuando te encuentres delante de una objeción, tendrás que plantearte qué respuesta has de dar al cliente para que sea eficaz. Utiliza:

- **Repregunta:** "¿Qué quiere decir exactamente?".
- **Repita la expresión del cliente para comprobar:** "Si lo he entendido bien, a usted lo que le preocupa es...".
- **Solicítale algo a cambio:** "Si le resuelvo esa duda, ¿usted firmaría?".
- **Confírmale tu conformidad al cliente:** "Efectivamente, su razonamiento es muy interesante, pero...".
- **Cerciórate de que no existen más objeciones:** "Entonces el único motivo que usted tiene para no decidirse es...".

 **IMPORTANTE**

Al finalizar el tratamiento de la objeción, es importante formular una pregunta cerrada al cliente que, además, le resulte fácil y sirva como respuesta a sí mismo:

¿Le he solucionado la duda?

Técnicas para rebatir objeciones

Las técnicas para resolver objeciones que más utilizan los vendedores de éxito son estas:

- **La anticipación:** se utiliza justo antes de comenzar el momento en el que ejercerás la influencia por medio de la persuasión. De esta manera, te anticiparás a una objeción como puede ser el elevado precio del producto o del servicio. Por ejemplo:
  "Si me permite y antes de hacerle una propuesta, quisiera decirle que la oferta que le voy a proponer tiene un coste de..., aunque podrá comprobar que es realmente rentable tras conocer sus beneficios".
- **El yoyó:** se trata de un método muy interesante para rebatir las objeciones. El propio nombre de esta técnica describe que se ha de retornar con la misma fuerza con la que se lanzó la objeción, haciendo uso de expresiones por parte del vendedor. Por ejemplo:

  - **Cliente:** "He de decirle que no dispongo de mucho tiempo".
  - **Vendedor:** "Precisamente porque no dispone de mucho tiempo usted debería escuchar la oferta que le voy a hacer. Seguro que le hará ahorrar tiempo y dinero".

[153]

- **La balanza:** con este método se consigue equilibrar la objeción mediante una compensación. Por ejemplo:

  - **Cliente:** "Le entiendo, pero la cuota que sale para pagar es realmente elevada".
  - **Vendedor:** "En efecto, pero esto le permitirá amortizar la operación mucho antes, pagando menos intereses".

- **El contraste:** con esta fórmula se le propone al cliente dos alternativas, de esta manera se orienta al cliente a que elija al menos una de ellas. Por ejemplo:

  - **Cliente:** "Es muy caro".
  - **Vendedor:** "¿De verdad considera que debe basar su decisión en el precio o, por el contrario, en el beneficio que le reporta tener garantizado en el futuro?".

- **La pregunta:** esta técnica tiene como objetivo implicar al cliente para resolver la objeción. Por ejemplo:

  - **Cliente:** "Gracias, pero tengo de todo".
  - **Vendedor:** "Exactamente, ¿qué productos tiene?".

- **La llave:** con este método se busca retrasar la respuesta del cliente para obtener un beneficio a cambio. Por ejemplo:

  - **Cliente:** "En este momento me pilla con muchos gastos, no puedo permitirme pagar ese precio".
  - **Vendedor:** "Si consigo demostrarle que el precio que va a pagar le compensará sobradamente, ¿le interesaría esta oferta?".

 CONSEJO

Si utilizando estas técnicas el cliente sigue presentando la misma objeción, es que no has conseguido rebatirla. Puedes entonces formularle la siguiente cuestión, de cara a que sea él quien te presente una argumentación:

¿Cómo podría resolverle esa cuestión?

5.6. Fase de cierre

Esta fase se inicia justo en el instante en el que el vendedor observa que el cliente da ciertas señales:

- ➲ Petición de consejos
- ➲ Solicitud del contrato
- ➲ Utilización del pronombre posesivo
- ➲ Formular muchas preguntas
- ➲ Meditación
- ➲ Interés repentino

Estas señales indicarán que habrás de avanzar hacia el cierre, habiendo seguido el esquema mostrado a continuación:

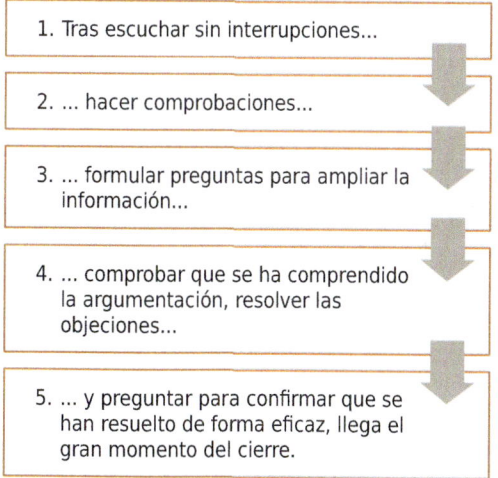

1. Tras escuchar sin interrupciones...

2. ... hacer comprobaciones...

3. ... formular preguntas para ampliar la información...

4. ... comprobar que se ha comprendido la argumentación, resolver las objeciones...

5. ... y preguntar para confirmar que se han resuelto de forma eficaz, llega el gran momento del cierre.

NOTA

Recuerda que no existen fórmulas mágicas, pero generar hábitos saludables para mejorar las ventas hará que los resultados sean más favorables.

El cierre es más que conseguir la satisfacción del cliente al adquirir el producto o contratar el servicio que le ofreces. Es importante obtener referencias para futuros procesos de venta.

Pero, ¿cómo conseguir el cierre? Haciendo uso de preguntas cerradas que asienten la argumentación y favorezcan la toma de decisiones. Realizando cierres parciales.

Si es posible, no dejes para el final de la entrevista de ventas obtener un sí o un no. Trata de hacer cierres parciales para tratar de evitar un no que pudiste resolver en una fase anterior.

 DEFINICIÓN

Cierre parcial

Es en sí mismo una comprobación para confirmar que existe un entendimiento entre las partes (cliente y vendedor), y la inexistencia de objeciones para poder seguir avanzando y no verse en la necesidad de retroceder por haberse omitido alguna información.

Técnicas de cierre

El éxito del cierre se basa en **no esperar a que este ocurra** (actitud pasiva), sino en **hacer que ocurra** (actitud proactiva).

El buen vendedor domina varias maniobras para obtener el cierre de la venta:

- **Generar preocupación:** ¿no cree que puede verse en un problema si no dispone de una solución como esta?
- **Técnica de eliminación:** ¿realmente la duda que se le plantea para no contratar es el precio de la propuesta?
- **La venta perdida:** disculpe, pero ¿podría decirme en qué me he equivocado para que no le parezca atractiva esta propuesta?
- **Lo pensaré:** entiendo perfectamente que tenga que pensarlo, no obstante, ya que usted está aquí, ¿qué le parece si...?
- **Preguntas directas:** ¿me facilita la cuota que desea pagar?
- **Propuestas:** los beneficiarios de la póliza del seguro de vida serán...
- **Elección alternativa:** con qué color se quedará, ¿azul o verde?
- **Llave de Nelson:** suponiendo que esta solución le proporciona la cobertura que usted desea, ¿lo contrataría?
- **Duque de Wellington:** en una hoja dividida en dos columnas (ventajas y desventajas), se escribirán todos los beneficios del producto y los

inconvenientes. El vendedor ayuda a redactar los beneficios y para los inconvenientes se dejará solo al cliente que los enumere.

 **VÍDEO**

Descubre en este vídeo siete técnicas de cierre. Seguro que te enfrentarás a algunas de las situaciones que se plantean o ya las has vivido.

https://redirectoronline.com/comt052po0501

Obtención de referencias

Por todos es sabido que el proceso de ventas es mucho más fácil y rápido si a quien se le oferta es una referencia proporcionada por un cliente nuestro y que tiene ya confianza en nosotros.

Es esencial tratar de solicitar posibles referencias en todas las entrevistas de venta. La idea es obtener un listado de nombres proporcionados por el cliente y que podamos llamarlos de su parte siempre con el permiso de este.

Las limitaciones más habituales del vendedor a la hora de solicitar referencias son:

> Verlo como algo secundario a la entrevista de venta.

> Percibirse como una molestia para el cliente.

> Miedo a perturbar el clima generado.

Continúa en página siguiente >>

<< Viene de página anterior

> Tener limitaciones mentales a la hora de pedir referencias.

> No ayudar al cliente que facilite referencias (amistades, conocidos, compañeros, etc.) que puedan ser posibles beneficiarios de las mismas soluciones comerciales.

CONSEJO

Durante la entrevista, es probable que se hagan alusiones a terceras partes: "Mi cuñado tiene...". Estas serían referencias potenciales y solo bastaría pedir permiso al cliente para que nos facilite algún dato para contactarlo.

También pueden formularse preguntas como estas:

- *Entre sus contactos, ¿conoce alguna persona que requiera por su profesión soluciones como las que le he propuesto?*
- *¿Conoce a alguna persona que tenga sus mismas inquietudes?*

Si consigues referencias y el cliente hace la labor de contactar con ellas para indicarles que recibirán una llamada en breve, es muy probable que la actitud del referenciado sea más propicia para una venta, ya que cuenta con la confianza del referenciador.

6. Seguimiento de la venta

HILO CONDUCTOR

Todos los miembros que conforman el equipo comercial de esta recién estrenada agencia de seguros están contentos y orgullosos porque han conocido y descubierto cuáles son sus capacidades y cualidades para triunfar en el duro mundo de las ventas. También están muy satisfechos y agradecidos con la gran oportunidad que les ofrece su jefe, Jorge. Saben que contarán con su apoyo

Continúa en página siguiente >>

<< Viene de página anterior

y les ayudará a desarrollar todas sus habilidades y competencias. Jorge tiene un deseo para todos ellos: lanzarlos a una carrera profesional de mucho éxito que los llevará a destacar en este difícil y maltratado pero apasionante sector asegurador.

¿Realmente el proceso de venta finaliza con el cierre? La respuesta es no. Es importante realizar un seguimiento de cara a **fidelizar** a ese nuevo cliente para que forme parte de tu cartera.

No olvides los siguientes aspectos:

- ⮑ Ten una visión de tu trabajo a largo plazo.
- ⮑ Sé consciente de que las necesidades de tus clientes son cambiantes.
- ⮑ Mentalízate de ofrecer siempre un valor superior.

Con el servicio de posventa conseguirás mantener tu cartera de clientes, hacer venta cruzada (complementar la venta con la adquisición de nuevos productos) y obtener nuevos nombres de clientes a través de referencias.

Por otra parte, es una gran oportunidad para resolver posibles incidencias y evitar así que la insatisfacción de un cliente provoque una estampida o las nefastas consecuencias de una mala reputación.

DEFINICIÓN

Fidelizar

Significa proporcionar razones suficientes para que el cliente siga tu estela y desee mantener la relación comercial. Fidelizar es la causa, mientras que la venta cruzada es el efecto positivo de esa fidelización.

Un cliente satisfecho tiene una serie de conductas que afectan positivamente al vendedor y a sus resultados y objetivos, de ahí su importancia.

Conducta de clientes satisfechos
- Repiten las compras sin esfuerzos por parte del vendedor.
- Están abiertos a nuevas propuestas basadas en las buenas experiencias.
- Son grandes embajadores o referenciadores.

NOTA

Es considerablemente más sencillo vender nuevos productos a quien ya dispone de uno y está satisfecho con él. También es más fácil que te recomiende un cliente si está totalmente satisfecho y la relación entre este y el vendedor está basada en la confianza.

Recuerda que el esfuerzo que supone hacer un seguimiento de venta y mantener a un cliente es ínfimo si lo comparamos con el que tendrás que realizar para captar nuevos clientes y generar confianza en ellos, así como recuperar un cliente insatisfecho que ha perdido la confianza en ti.

TAREA 5

María se encuentra en un proceso de venta con un nuevo cliente. Ella comercializa diferentes marcas de monturas de gafas. Tras la fase de conocimiento, obtiene una información relevante para ofrecer al cliente la mejor solución según las necesidades expuestas por él:

- Se trata de un cliente que busca transmitir una imagen profesional que no sea olvidada fácilmente por su público.
- Aunque dispone de un presupuesto razonable para adquirir cualquiera de los últimos diseños, no está dispuesto a gastar mucho dinero.

María sospecha que el cliente ha tenido alguna mala experiencia con determinadas marcas de gafas, pues este le insiste en que le explique el tema de garantías.

¿Qué tipo de objeción es probable que pueda aparecer y qué técnica puede utilizar María para solventarla?

Continúa en página siguiente >>

<< Viene de página anterior

Sobre estos datos, tras dar por finalizada la fase de conocimiento, indica qué técnica sería efectiva para rebatir la posible objeción.

---

7. Resumen

Generar confianza y crear buenas relaciones con el cliente son elementos clave para tener éxito en las ventas. Adquirir y desarrollar estas habilidades **vendiendo con inteligencia emocional** impacta positivamente en los resultados y objetivos del vendedor, ya que la **venta** es considerada como el **"arte de orientar".**

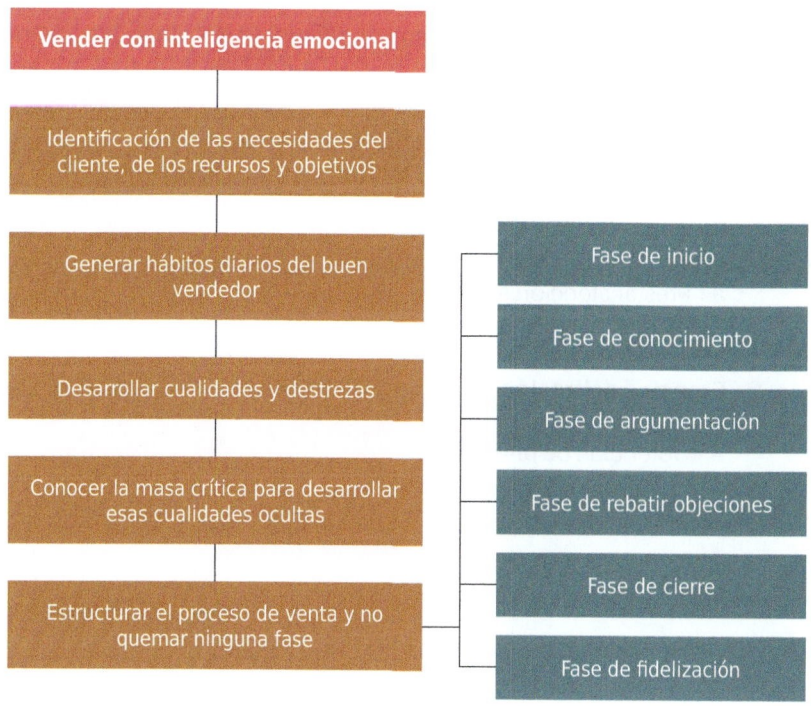

Todas las fases de la entrevista de venta son muy importantes. En cada una de ellas se debe abordar elementos clave.

1. **Fase de inicio:**

   a. Crear buen impacto
   b. Crear un clima adecuado

2. **Fase de conocimiento:**

   a. Identificar necesidades
   b. Identificar recursos
   c. Identificar objetivos
   d. Identificar motivos de compra

3. **Fase de argumentación:**

   a. Generar argumentación comercial
   b. Complementar el argumento comercial con el argumento técnico

4. **Fase de objeciones:**

   a. Derribar barreras aplicando tareas

5. **Fase del cierre:**

   a. Prestar atención a señales
   b. Aplicar técnicas de cierre

6. **Fase de fidelización:**

   a. Obtención de referencias

Ejercicios de autoevaluación
Unidad de Aprendizaje 5

1. Indica si las siguientes afirmaciones son verdaderas o falsas.

a. La inteligencia emocional es una habilidad que gestiona sentimientos y sirve para conducir las emociones para que ejerzan una influencia positiva en el pensamiento.

- ■ Verdadero
- ■ Falso

b. La comunicación empresarial incluye diversas formas de establecer relaciones con el cliente.

- ■ Verdadero
- ■ Falso

c. Se dice que el individuo que tiene inteligencia emocional y la sabe aplicar en el campo de las ventas tiene una elevada conciencia de sí mismo, sabe autorregularse, es empático y tiene una alta capacidad para establecer relaciones sociales de calidad.

- ■ Verdadero
- ■ Falso

2. ¿Por qué es importante para un vendedor conocer su propia cadena de cierres?

a. Para informar a sus superiores de cuáles son sus objetivos.
b. Para saber el esfuerzo que tendrá que realizar para formalizar una venta.
c. Para calcular cuántas comisiones mensuales percibirá por el total de las ventas.
d. Todas las opciones son correctas.

3. ¿Qué rasgo es propio de un buen vendedor?

a. Tenaz
b. Imprudente
c. Acomodado
d. Olvidadizo

4. ¿Qué nombre recibe el lugar en el que se acomodan los atributos no conscientes por el vendedor y que desconoce que posee para ser un profesional de éxito?

a. Dotes sociales
b. Masa crítica
c. Ética laboral
d. Capacidad de raciocinio

5. ¿Qué importante recurso utiliza un buen vendedor durante la entrevista de ventas a lo largo de la fase de conocimiento?

a. Los argumentos comerciales.
b. Las preguntas abiertas.
c. Las preguntas cerradas.
d. Los argumentos técnicos.

6. ¿Qué tiempo se ha de estimar para poder pasar a la fase de conocimiento en una entrevista de venta?

a. 2 min
b. 5 min
c. 10 min
d. 15 min

7. ¿Cuánto debe durar como máximo la suma de todas las fases de una entrevista de venta para tener más posibilidades de obtener un cierre?

a. 30 min
b. 60 min
c. 90 min
d. 120 min

8. **¿Qué información clave del cliente se ha de obtener en la fase de conocimiento?**

   a. Las necesidades y recursos del cliente.
   b. Los objetivos del cliente.
   c. Los motivos de compra del cliente.
   d. Todas las opciones son correctas.

9. **¿Qué tipo de necesidad presenta un cliente que duda cuándo adquirirá el producto?**

   a. Necesidad explícita
   b. Necesidad implícita
   c. Necesidad imperiosa
   d. Necesidad cero

10. **¿Qué tipo de impedimentos insalvables pone el cliente para no aceptar una oferta?**

    a. Condición
    b. Objeción
    c. Excusas
    d. Todas las opciones son incorrectas.

Glosario

Branding

Es el conjunto de procesos y estrategias que hacen posible construir una marca profesional o empresarial alrededor de una solución integral de negocio, que además sea identificable por el cliente y este adquiera un sentido de permanencia.

Cliente potencial

Persona física o jurídica que, tras un estudio de mercado, se concluye que podría considerarse como posible comprador de una solución comercial.

Comunicación 360°

Es una fórmula estratégica que hace posible que una empresa pueda generar diálogo, conversación y debate constante, movilizando tanto a clientes internos (personas relacionadas con la compañía) como a los externos (clientes), siendo estos últimos el foco y el objetivo de la estrategia de comunicación.

Comunicación integral

Es una forma de comunicación que engloba un conjunto de acciones planificadas y bien definidas a través de estrategias que, junto al uso de mecánicas específicas de comunicación, hacen posible que la empresa sea un foco atractivo tanto para clientes externos (mercado) como internos (empleados).

Consumidor

Individuo que tiene a su disposición un presupuesto económico para hacer frente a la compra de un producto o servicio.

Contenido de valor

Propuesta que sirve para informar de una oferta a fin de captar a un cliente o bien fidelizarlo.

Cuadro de mando
Herramienta de alto valor empresarial que proporciona información relevante al rendimiento del negocio, consecución de objetivos y resultados obtenidos.

Cultura colaborativa
Filosofía de empresa que se desarrolla en un entorno participativo.

Era de la información
Es el concepto que hace referencia a la etapa de la historia donde existe gran protagonismo de las tecnologías de la información y de la comunicación. También es conocida como la era de las TIC.

ERP
Es un *software* de sistema de gestión de información que ayuda a planificar los recursos de una empresa a través de procesos productivos y operaciones automatizadas.

Estrategia CRM *(Customer Relationship Management)*
Es una maniobra táctica que soporta una tecnología capaz de analizar y examinar las relaciones que tiene una empresa con sus mejores clientes, pero que además también es capaz de manejar información de clientes potenciales, fallidos, perdidos o incluso aquellos que no repitieron compras, para trazar acciones con objetivos específicos de recuperación.

Estrategia de mercado
Maniobra del negocio que reúne varias acciones diferentes y cuya finalidad es alcanzar unos objetivos concretos. La estrategia de mercado, a diferencia de otro tipo de estrategias, persigue conocer el comportamiento del consumidor previamente al lanzamiento de un producto o servicio.

Experiencia del consumidor
Es el recorrido como conjunto de vivencias que realiza un cliente desde que muestra interés por un bien o servicio hasta que lo adquiere y se le proporciona un servicio posventa.

Influencer
Persona con competencias digitales comunicativas capaz de generar y mantener audiencia en internet a través de las redes sociales.

Leads
También denominados "prospectos", son aquellos potenciales usuarios de los que se ha podido obtener alguna información que permita que se clasifiquen como potenciales clientes para el negocio.

Manifiesto Cluetrain

Documento que recoge un listado de sugerencias para que las empresas puedan analizar la influencia y el impacto de internet en los mercados y en los consumidores. Se trata de una llamada a la acción para despertar la inquietud y la necesidad de realizar una profunda transformación en las organizaciones.

Marketing 1.0

Disciplina orientada a los productos con el objetivo de que estos sean motivo de compra del consumidor.

Marketing 2.0

Disciplina orientada a los consumidores con el objetivo de atraerlos al negocio con tácticas de *marketing* basadas en los deseos de compra del consumidor.

Marketing 3.0

Disciplina cuya filosofía está basada en el conocimiento profundo del público objetivo, con idea de atraerlos hacia el negocio con tácticas de *marketing* fundamentadas en los valores.

Marketing one to one

Representa todas aquellas estrategias de *marketing* que posicionan al cliente como figura protagonista de una experiencia comercial totalmente personalizada. Este tipo de estrategias contempla acciones que permiten al cliente sentirse único y con trato diferenciado. La tecnología se alía para mostrar al usuario todo aquello por lo que ha mostrado interés previamente atendiendo a su historial de navegación.

Microinfluencers

Son usuarios con cierta popularidad en las redes sociales (máximo 10.000 seguidores) pero que, sin embargo, son mucho más accesibles que sus hermanos mayores los **influencers** (famosos en redes sociales) o **celebreties** (famosos en redes y fuera de ellas).

Newsletter

Publicaciones comerciales de distribución masiva mediante *e-mails*. Su difusión es periódica y persigue aportar contenido de calidad e interés con el fin de fidelizar a los clientes.

Plan de *marketing* estratégico

Documento que recoge el conjunto de acciones comerciales bien dirigidas y debidamente organizadas, para que la empresa alinee sus procesos productivos y esfuerzos organizativos, con el fin de poder ser más eficiente, más competitiva y poder sobrevivir en la actual economía global digitalizada.

Plan de negocios

Es el resultado documental único en el que se recoge toda la información relativa a una idea de negocio (objetivos, métodos, etc.), valorando las condiciones del entorno con el fin de poder arrancar esta idea como empresa o actividad profesional, poniéndola a prueba, evaluándola y siendo útil posteriormente como hoja de ruta. También es conocido como *Business Plan*.

Producto mínimo viable

También conocido como MVP, es un recurso que permite poner a prueba la validación de un producto en el mercado para reducir el riesgo a la incertidumbre y enfrentar el producto a la hipótesis inicial como solución a un problema.

Público objetivo

El público objetivo de una empresa es un colectivo de personas que están esperando, por necesidad o por deseo, una solución comercial.

Segmentar

Concepto que en *marketing* significa agrupar perfiles de personas como potenciales clientes, que pueden tener las mismas necesidades o deseos para poder aplicar y optimizar las estrategias de *marketing* llevadas a cabo.

Target objetivo

Hace referencia a la identificación del público que reúne una serie de características que lo hacen viable para que, en un futuro próximo, estos usuarios se conviertan en consumidores de la marca, del producto o de los servicios que ofrezca el negocio.

Telemarketing

Es un método mercadotécnico que permite a las empresas ofrecer sus productos o servicios proporcionando información a la vez que recoge las opiniones de los clientes contactados.

Transformación digital

Proceso de transformación al que se somete una persona física o jurídica para la integración de las tecnologías en la actividad diaria.

Value Management

Este concepto hace referencia a una filosofía empresarial o comercial, en la que la gestión íntegra de la actividad del negocio está orientada a la gestión de valor hacia el cliente y no tanto al producto o servicio que se comercializa.

Variables de segmentación
Son criterios que ayudan a elaborar un perfil para segmentar el mercado. Deben ser coherentes a los objetivos generales del negocio y a los objetivos particulares de cada estrategia que llevar a cabo.

Ventaja competitiva
Elemento clave para identificar oportunidades empresariales, pero también para detectar amenazas disfrazadas en un entorno económico global donde se desarrollan las empresas del siglo XXI.

WOMM *(Word of Mouth Marketing)*
Sus siglas responden en inglés al concepto "boca a boca", una poderosísima herramienta de publicidad basada en recomendaciones que alientan a las decisiones de compra. Es la manera en la que se propaga una publicidad.

Bibliografía

Monografías

→ ANTHONY, M.: *Vender con inteligencia emocional: cinco capacidades básicas para crear relaciones más estrechas con los clientes.* Barcelona: Deusto, 2004.

Interesante libro que trata las ventas exitosas y se centra en el autoconocimiento del vendedor para explotar sus cualidades y capacidades, aplicando la inteligencia emocional.

→ BARTOLI, A.: *Comunicación y Organización.* Barcelona: Paidós, 1992.

Libro que cuenta cómo ha de instrumentalizarse la comunicación empresarial para que sea efectiva, atendiendo tanto a la organización comunicante como a una comunicación organizada.

→ GOLEMAN, D.: *La práctica de la inteligencia emocional.* Barcelona: Kairós, 2007.

Revolucionario libro que profundiza en el concepto y el poder de la inteligencia emocional, más allá de la inteligencia cognitiva que puede poseer un ser humano.

→ SHARMA, R.: *El líder que no tenía cargo.* Barcelona: Grigalbo, 2010.

Libro que fomenta el empleo de técnicas y tácticas para ejercer la influencia sobre los demás, pudiendo ser aplicable este aprendizaje al sector de las ventas.

→ VERA, J. M.: *Gestión eficaz del tiempo y control del estrés.* Madrid: ESIC, 2012.

Libro que expone multitud de consejos y estrategias para mejorar la productividad, gestionando de forma eficiente y eficaz recursos limitados como el tiempo.

Textos electrónicos, bases de datos y programas informáticos

→ BRENDA BAILEY-HUGHES, T. K.: Las cinco áreas de enfoque de la escucha (s. f.),de:<https://www.linkedin.com/learning/la-escucha-activa/las-cinco-areas-de-enfoque-de-la-escucha?autoAdvance=true&autoSkip=false&autoplay=true&resume=true>.

Indicaciones prácticas para poner en marcha y saber aplicar la escucha activa.